Andrea Erkert

W0404406

Das Adventsspiele-Buch

Die weihnachtliche Zeit spielerisch begleiten

Illustrationen von Simone Pahl

Ökotopia Verlag, Münster

Impressum

Autorin: Andrea Erkert
Illustrationen: Simone Pahl
Lektorat: Barbro Garenfeld
Satz: Hain-Team, Bad Zwischenahn
ISBN: 978-3-86702-060-2

1 2 3 4 5 6 7 8 9 10 · 14 13 12 11 10 09 08

Inhalt

Vorwort

Rückt der Dezember näher, ist es bald wieder so weit: Der Advent ist da!
Dabei bekommen die Kinder und Erwachsenen vieler Einrichtungen richtig Lust auf weihnachtlich geschmückte Räume, Adventsgeschichten bei Kerzenschein und köstlich schmeckende Plätzchen, welche die Räume mit Düften nach Zimt, Vanille & Co. so wunderbar und verführerisch füllen. Es werden Adventslieder gesungen, etwas Adventliches gebastelt und oftmals auch ein gemeinsames Weihnachtsstück einstudiert. Jedoch, wie können Kinder im Stuhlkreis, an den Tischen oder gar in Bewegung die Adventszeit bewusst entdecken und erleben?
Für die Zeit vom 1. Advent bis zum Heiligen Abend möchte das Buch in erster Linie Spielideen und Anregungen geben, mit denen sich die Adventszeit sinnvoll gestalten und ganzheitlich erleben lässt. Darüber hinaus bietet es zahlreiche Spiele, die sich bewusst mit dem Thema „Winter" beschäftigen.
In jedem Kapitel sind die Spiele thematisch so zusammengefasst, dass man für Kinder im Alter von drei bis acht Jahren schnell und übersichtlich genau das findet, was man gerade braucht.

- Im Kapitel **Der Advent ist da!** gibt es jede Menge Lernspiele, bei denen die Kinder sich mit alten Bräuchen und Traditionen im Advent befassen, die zwar heute meist noch eine Rolle spielen, deren tieferer Sinn jedoch oftmals verloren gegangen ist.
- Das Kapitel **Guten Tag, Herr Weihnachtsmann!** enthält überwiegend kooperative (Stuhl-)Kreisspiele, bei denen die Kinder sich in aller Ruhe oder in Bewegung gegenseitig begrüßen, miteinander lachen oder sich lediglich einen schönen Advent wünschen.
- Das Kapitel **Nikolaus(-spiele) im Wald** zeigt, wie Kinder dem Nikolaus im Wald begegnen und so seinen Ehrentag feiern können. Daneben gibt es zahlreiche Nikolausspiele, die sich auch für drinnen eignen.
- Im Kapitel **Adventsmemory, Stern-Quartett & Co.** sind Tisch-, Brett- und Kartenspiele rund um den Advent ent-

halten, die sich mit wenigen Materialien durchführen lassen.

- Das Kapitel **Frost, Schnee, Kälte und Eis** gibt über die Adventszeit hinaus viele Spielanregungen zur kalten und dunklen Jahreszeit, die sich für drinnen wie für draußen eignen.
- Im Kapitel **Was machen die Fünf?** sind zahlreiche Fingerspiele zum Thema Winter aufgeführt. Zudem gibt es Fingerspiele rund um den Advent, die auch am Nikolaustag Spaß machen.
- Das Kapitel **Den Advent mit allen Sinnen erleben** enthält Sinnesspiele, bei denen die Kinder durch Hören und Lauschen, Sehen und Beobachten, Tasten und Erahnen, Riechen und Schmecken gemeinsam in die Adventszeit eintauchen und dabei wichtige Erfahrungen sammeln.
- Das letzte Kapitel **Spielenachmittag in der Vorweihnachtszeit** ist für alle gedacht, die miteinander aktiv werden wollen und eine echte Alternative zu den „üblichen" zeitintensiven Adventsfeiern suchen. Hier geht es vor allem um eine gemeinsame, fröhliche und stressfreie Spielzeit, bei der sich alles rund um den Advent dreht.

An dieser Stelle lade ich Sie gemeinsam mit den Kindern zu den folgenden vorweihnachtlichen Spielideen recht herzlich ein. Eine schöne Adventszeit verbunden mit tollen Spielerlebnissen und auch Lernerfahrungen wünscht

Ihre Andrea Erkert

Der Advent ist da!

Lernspiele rund um den Advent

Die Kinder öffnen voller Freude am 1. Dezember das erste Türchen des Adventskalenders und strahlen, wenn am ersten Sonntag zwischen dem 27. November und 3. Dezember die erste Kerze am Adventskranz angezündet wird.

Die Adventszeit beginnt mit dem 1. Advent und endet am Heiligen Abend mit dem Sonnenuntergang. Das Wort „Advent" kommt aus dem Lateinischen und bedeutet „Ankunft". Damit ist die Geburt Jesu gemeint. Die Adventszeit ist eine Zeit des Wartens, die mit vielen Bräuchen und schönen Traditionen verbunden ist. Es ist die Zeit, in der sich Jung und Alt, Groß und Klein ganz bewusst und intensiv auf die Ankunft des Kindes in der Krippe vorbereiten und sich auf das große Fest freuen.

Im Kindergarten und in der Schule werden Sterne gefaltet, Nikoläuse gebastelt, Adventslieder gesungen, Plätzchen gebacken, Adventsgeschichten erzählt und nicht zuletzt ein Adventskranz z. B. aus Tannenzweigen und Thuja gebunden. Zusätzlich können ein Adventsbasar oder eine Adventsfeier in besonderer Weise auf das bevorstehende Weihnachtsfest einstimmen. Trotz dieser von Ereignissen und Erwartungen vollen Zeit bemühen sich ErzieherInnen und LehrerInnen darum, die Adventszeit möglichst ohne Stress und Hektik anzugehen, um sie mit den Kindern auf vielfältigste Weise zu erleben.

Die folgenden Adventsspiele werden dem kindlichen Bedürfnis nach Ruhe und Bewegung gerecht. Sie ermöglichen, dass die Kinder die Adventszeit ganzheitlich entdecken, erleben und begreifen. Dabei lernen sie, sich auf das Wesentliche in der Vorweihnachtszeit zu besinnen, ihre eigenen Erwartungen zu überprüfen und viel Wissenswertes rund um den Advent kennen.

Adventskranz

Alter: ab 5 Jahren
Anzahl: ab 5 Kindern, ungerade Anzahl
Material: 19 Teelichter, 4 große rote Kerzen, 1 Holzwagenrad oder 1 Gymnastikreifen, pro Kleingruppe 4 dicke rote Kerzen und 1 Gymnastikreifen

Johann Hinrich Wichern (1808–1881), Erzieher und Theologe, betreute in einem alten Bauernhaus arme Kinder, die während der Adventszeit immer wieder wissen wollten, wie lange es noch bis Weihnachten dauert. Aus diesem Grund baute er aus einem alten Wagenrad einen Holzkranz mit 19 kleinen weißen und vier großen roten Kerzen, von denen in der Adventszeit täglich eine weitere angezündet wurde. Die großen Kerzen waren für die Adventssonntage bestimmt. Später wurde der Kranz mit grünen Tannen- und Fichtenzweigen zusätzlich verschönert. Mit der Zeit entwickelte sich so der Adventskranz mit vier Kerzen, den viele Länder übernommen haben.

Vorbereitung
Die Kinder sitzen in einem großen Kreis beisammen und lauschen den Worten der Spielleitung, die ihnen den Ursprung des Adventskranzes erläutert. Dabei erzählt sie auch, wie der erste Adventskranz ausgesehen hat.

Spielverlauf
Die Kinder holen sich ein Holzwagenrad oder einen Gymnastikreifen, 19 Teelichter und vier große rote Kerzen. Damit bauen sie den Adventskranz von J. H. Wichern nach. Anschließend bilden sie bis auf ein Kind gleich große Gruppen. Jede Gruppe bekommt einen Gymnastikreifen und vier große Kerzen. Sie sucht sich einen Platz im Raum und bestückt ihren Adventskranz (= Gymnastikreifen), wie heute üblich, mit vier Kerzen, die sie jeweils etwa gleich weit voneinander entfernt platziert. Dann schließen alle Kinder ihre Augen. Währenddessen nimmt das übrige Kind bis zu vier Kerzen von jedem Reifen weg. Sind die Kerzen zur Seite gelegt, öffnen die Kinder ihre Augen wieder. Welche Gruppe findet am schnellsten die Anzahl der Kerzen heraus, die auf ihrem Adventskranz fehlen? Ein Kind aus der Sieger-Gruppe tauscht mit dem einzelnen Kind den Platz und wiederholt auf die gleiche Art das Spiel.
Gelingt das Spiel im Kleinen, widmen sich die Kinder dem großen nachgebauten Adventskranz mit den 19 Teelichtern und den vier großen roten Kerzen. Bis auf ein Kind setzen sich alle Kinder um den Kranz herum und schließen ihre Augen. Das Kind nimmt bis zu zehn Kerzen weg. Danach öffnen die Kinder ihre Augen. Wer weiß wohl, wie viele Kerzen insgesamt fehlen? Vielleicht können die Kinder auch die Anzahl der großen roten Kerzen und die Anzahl der Teelichter benennen, die jetzt nicht mehr auf dem Kranz vorhanden sind.

Lichter im Advent

Alter: ab 3 Jahren
Anzahl: ab 5 Kindern
Material: pro Kind 1 leeres Marmeladenglas ohne Etikett und 1 Teelicht, 1 langes Feuerzeug, 1 Triangel, evtl. 1 Kissen, 1 Adventsgeschichte

Die Spielleitung erklärt den Kindern, dass es in der Advents- und Winterzeit spät hell und früh dunkel wird. Deshalb werden gerne Kerzen angezündet, die Licht, Wärme und Geborgenheit sowie ein Gefühl des Friedens spenden. Die Kinder überlegen gemeinsam, wo sie überall Kerzen anbringen oder aufstellen können. Dazu gehören z. B. der Adventskranz oder ein Kerzenständer.

Die Kinder bilden einen Kreis, stellen ein Teelicht in ihr Marmeladenglas und entzünden es im Beisein der Spielleitung mit Hilfe eines langen Feuerzeugs. Brennen alle Teelichter, schlägt die Spielleitung die Triangel an. Daraufhin gehen alle Kinder stillschweigend einen Platz weiter nach rechts. Stehen sie vor einem neuen Teelicht, bleiben sie so lange stehen, bis die Triangel erneut erklingt. Erst wenn alle Kinder wieder auf ihrem Ausgangsplatz stehen, ist das Spiel beendet.
Anschließend teilt die Spielleitung allen Kindern ein Kissen zum Sitzen aus und erzählt ihnen eine Adventsgeschichte.

Tipp: Sollte ein Kind das Schweigen brechen oder nicht vor dem nächsten Teelicht stehen bleiben, fängt das Ruhespiel mit den Lichtern von vorne an, diesmal jedoch linksherum!

Adventszeit

Alter: ab 5 Jahren
Anzahl: ab 5 Kindern
Material: 1 Fangstern (bzw. Catchball) oder 1 Schaumstoffwürfel mit Zahlen oder Punkten

Die meisten Kinder können den Heiligen Abend kaum erwarten. Wie nutzt man die Zeit bis dahin sinnvoll? Für das unten aufgeführte Spiel überlegen die Kinder sich miteinander, was sie so alles in der Adventszeit machen können.

Alle Kinder bis auf eines stellen sich in einen Kreis. Das übrige Kind geht in die Kreismitte und erhält einen Fangstern, der aus sechs „Strahlen" besteht, an deren Enden sich die Zahlen 0–4 befinden. Alternativ bekommt es einen Schaumstoffwürfel, auf

dem Punkte oder die Zahlen 1–6 stehen. Diesen Fangstern wirft es einem beliebigen Kind zu. Das Kind, das den Stern auffängt, nennt laut die Zahl des Strahls, den es gerade in Händen hält. Ist die Zahl 0 zu sehen, wirft es den Stern zurück. Hat es z. B. die 2 gefangen, darf es zwei Dinge benennen, die es gerne in der Adventszeit tun würde. Dann wirft es den Stern wieder zurück, und das Spiel beginnt von vorne. Nach ein paar Durchgängen wird das Kind in der Kreismitte von einem anderen abgelöst.

Barbarazweige

Alter: ab 5 Jahren
Anzahl: ab 5 Kindern
Material: 1 große Vase, pro Kind 1 Zweig mit Blütenknospen und 1 Vase mit Wasser

Es ist ein alter Brauch, dass am 4. Dezember Zweige mit Blütenknospen, etwa von Kirschbäumen, Birken oder vom Flieder, abgeschnitten und in eine Vase mit lauwarmem Wasser gestellt werden. Das Wasser wird alle zwei bis drei Tage gewechselt. Die Zweige blühen zu Weihnachten und drücken die Hoffnung auf einen wiederkehrenden Frühling aus. Sie sollen für das kommende Jahr Glück bringen. Dieser schöne Brauch ist auf die heilige Barbara, die Tochter eines reichen Kaufmanns, zurückzuführen. Sie wurde aufgrund ihres christlichen Glaubens in einen Turm gesperrt. Auf diese Weise wollte ihr heidnischer Vater sie zur Vernunft bringen. Aber Barbara blieb bei ihrem Glauben und wurde zum Tode verurteilt. Auf dem Weg in den Kerker verfing sich ein Zweig in ihrem Kleid, den sie im Gefängnis mit ihren Tränen benetzte. An ihrem Todestag, dem 4. Dezember 306 n. Chr., blühte der Zweig auf einmal auf.

Die Kinder bilden einen Stuhlkreis, in dessen Mitte die Spielleitung eine große Vase mit Barbarazweigen stellt. Jedes Kind holt sich eine Vase, füllt sie mit etwas lauwarmem Wasser und stellt sie direkt vor seinen Füßen ab. Ein Kind geht zur Kreismitte, nimmt einen Zweig aus der Vase, geht auf ein anderes Kind zu und stellt ihm diesen Zweig in seine Vase. Dabei wünscht es ihm viel Glück für das kommende Jahr. Während das erste Kind wieder auf seinen Platz zurückgeht, steht das zweite Kind auf, holt ebenfalls einen Zweig mit Blütenknospen und bringt es wieder einem anderen Kind. Erst wenn alle Kinder einen Zweig mit Blütenknospen haben, stehen sie nacheinander auf und suchen sich einen Platz im Raum für ihre Vase.

Nikolaus oder Weihnachtsmann?

Alter: ab 5 Jahren
Anzahl: ab 2 Kindern
Material: jeweils 1 großes Bild vom Nikolaus und vom Weihnachtsmann, (s. S. 15 Kopiervorlage „Nikolaus"), 1 Kopierer zum Vergrößern der Bilder, Klebeband, 1 Handtrommel

Vorbereitung
Die Spielleitung zeigt den Kindern ein großes Bild vom Nikolaus und eines vom Weihnachtsmann. Die Kinder vergleichen beide Bilder miteinander und benennen anhand ihres Aussehens die Unterschiede (s. S. 15). Sind sie mit dem Ergebnis zufrieden, kleben sie die beiden Bilder auf jeweils eine freie Wand.

Spielverlauf
Die Spielleitung schlägt die Trommel. Zum Rhythmus der Trommel gehen die Kinder so lange frei durch den Raum, bis das Trommelspiel stoppt. Die Kinder bleiben stehen und hören aufmerksam zu, wie die Spielleitung z. B. sagt: „Wer hat ein Bischofsgewand an? Der Nikolaus oder der Weihnachtsmann?" Die Spielleitung deutet auf drei bis vier beliebige Kinder, die nacheinander versuchen, die Frage richtig zu beantworten. Zur Kontrolle löst die Spielleitung das Rätsel auf. Daraufhin laufen alle Kinder so schnell wie möglich auf das Bild zu, auf dem der Nikolaus zu sehen ist. Eines der Kinder, die besonders

schnell vor dem gesuchten Bild stehen, darf die Rolle der Spielleitung übernehmen und das Trommelspiel fortsetzen.

Etwas Adventliches

Alter: ab 4 Jahren
Anzahl: ab 5 Kindern
Material: pro Kind 1 Sitzkissen und 1 Gegenstand, den es hauptsächlich in der Advents- und Weihnachtszeit zu sehen und kaufen gibt (z. B. 1 Strohstern, 1 Weihnachtsmann aus Pappmaché, 1 Engel aus Gips, 1 Weihnachtskugel, 1 Adventskalender), ein paar Dinge, die in der Adventszeit untypisch sind (z. B. Schwimmhilfen, 1 Sonnencreme, 1 Badehose, 1 Taucherbrille)

Die Kinder setzen sich auf Kissen und bilden einen großzügigen Kreis. In die Kreismitte stellt die Spielleitung für jedes Kind etwas, das es in erster Linie im Advent gibt, und ein paar andere Sachen aus der Sommerzeit. Dann ruft die Spielleitung ein Kind auf, das sich einen Gegenstand aus der Vorweihnachtszeit nehmen darf, etwa einen Strohstern. Das Kind setzt sich wieder auf seinen Platz und sagt z. B.: „In der Advents- und Weihnachtszeit gibt es Strohsterne!" Danach kommt das Kind, das rechts daneben sitzt, an die Reihe, das sich ebenfalls etwas holt und dann z. B. sagt: „In der Advents- und Weihnachtszeit gibt es Strohsterne und Weihnachtskugeln!" Nimmt ein Kind einen Gegenstand, der nicht in die Adventszeit passt, oder kann es die geholten Dinge nicht nacheinander benennen, helfen die anderen Kinder weiter. Erst wenn alle Kinder an der Reihe gewesen sind bzw. etwas in den Händen halten, ist das Spiel beendet.

Grüne Zweige

Alter: ab 3 Jahren
Anzahl: ab 4 Kindern
Material: 24 Tannenzweige

Seit jeher haben Menschen in der Advents- und Weihnachtszeit grüne Zweige ins Haus geholt, um damit das Zuhause zu schmücken oder z. B. Adventskränze herzustellen. Die grünen Zweige vermitteln eine Vorfreude auf den Frühling, bei dem wieder alles zu neuem Leben erwacht. Ein schöner alter Brauch!

Die Spielleitung erzählt den Kindern von der Bedeutung der grünen Zweige. Anschließend versteckt sie vierundzwanzig Tannenzweige im Raum und teilt die Kinder in zwei bis drei gleich große Gruppen auf. Jede Gruppe sucht sich einen Tisch aus, der ihr Haus darstellt. Auf ein Startzeichen durch die Spielleitung laufen alle Kinder los, um möglichst viele Tannenzweige zu finden, die sie schließlich in ihr Haus bzw. unter ihre Tische legen. Können die Kinder keine Tannenzweige mehr entdecken, krabbeln sie mit allen Gruppenmitgliedern unter ihren Tisch und zählen ihre grünen Zweige. Welche Gruppe konnte besonders viele grüne Zweige „ins Haus" holen?

Adventskalender

Alter: ab 6 Jahren
Anzahl: ab 4 Kindern
Material: 24 leere Streichholzschachteln, 24 weiße Aufkleber, Farbstifte, viele weiße Zettel, 4 Würfel; evtl. 1 weißer Tonkarton (DIN A3); evtl. 24 kleine Nüsse

Der Adventskalender stammt aus dem 19. Jahrhundert und dient als Zählhilfe für die Tage bis zum Fest. Adventskalender haben meist 24 Türchen, hinter denen sich jeweils eine kleine Überraschung, etwa ein Motiv aus der Weihnachtsgeschichte, eine Süßigkeit oder gar ein kleines Spielzeug verbirgt. Vom 1. bis zum 24. Dezember dürfen die Kinder jeden Tag ein Türchen öffnen. Bei dem folgenden Würfelspiel müssen die Kinder ebenfalls abwarten und geduldig sein können. Denn die „Türchen“ dürfen keinesfalls willkürlich geöffnet werden.

Vorbereitung

Die Kinder schreiben die Zahlen „1“ bis „24“ auf die Aufkleber und kleben sie auf jeweils eine Streichholzschachtel. Sie malen 24 kleine Bilder, z. B. mit Sternen, Adventskerzen und Plätzchen, die sie jeweils in eine Streichholzschachtel stecken.
Für die Variante legen sie anstelle der Bildchen jeweils eine kleine Nuss in die Streichholzschachteln.

Spielverlauf

Die Kinder legen die Streichholzschachteln der Reihe nach auf einen Tisch und holen sich vier Würfel. Das jüngste Kind beginnt und würfelt mit einem der vier Würfel. Würfelt es eine „1“, darf es die erste Streichholzschachtel öffnen und das gemalte Adventsbild herausholen. Anschließend übergibt es den Würfel seinem rechten Nachbarkind, das jetzt die Augenzahl „2“ braucht. Würfelt es eine andere Zahl, darf es keine Schachtel öffnen und übergibt den Würfel seinem rechten Nachbarn. Das Spiel wird so lange weitergeführt, bis die ersten sechs Streichholzschachteln geöffnet wurden. Damit die Kinder auch die „Türchen“ mit einer höhere Zahl öffnen können, würfeln sie gleichzeitig mit zwei, dann mit drei und schließlich mit vier Würfeln und zählen die Punkte zusammen. Sind alle „Türchen“ geöffnet, betrachten die Kinder sämtliche Adventsbilder, mit denen sie eine große Collage auf dem Tonkarton erstellen können.

Variante für jüngere Kinder

Anstelle der vier Würfel erhalten die Kinder 24 weiße Zettel in der Größe der Streichholzschachteln, die sie gerecht untereinander aufteilen. Sie malen auf jeden Zettel ein weihnachtliches Motiv, einen Stern oder einen Weihnachtsmann, und kennzeichnen sie somit. Anschließend verteilen sie ihre Zettel verdeckt auf dem Tisch, so dass die Motive nicht zu erkennen sind. Abwechselnd drehen sie die Zettel der Reihe nach um. Immer das Kind, das sein Motiv erkennt, darf ein „Türchen" des Adventskalenders öffnen, in dem sich jeweils eine kleine Nuss befindet. Sobald alle Kinder jeweils eine Nuss ergattern konnten, dürfen sie ihre Nüsse genüsslich verspeisen.

Christstollen, Adventsplätzchen & Co.

Alter: ab 4 Jahren
Anzahl: ab 5 Kindern
Material: 1 Christstollen und Adventsplätzchen, unterschiedliche Weihnachtsgewürze (z. B. Zimt, Ingwer, Kardamom, Gewürznelken und Muskatnuss), andere Leckereien wie Salzstangen, Chips und Popcorn, 2 Teller, 1 Schneidebrett, 1 Messer, 1 Tablett, pro Kind 1 Augenbinde

Leckereien wie Lebkuchen, Zimtsterne und Spekulatius dürfen in der Advents- und Weihnachtszeit nicht fehlen. Die enthaltenen Gewürze wie Anis, Zimt und Mandeln tragen zu einer positiven Stimmung bei und versüßen das Warten auf den Heiligen Abend. Einige Köstlichkeiten wie der Christstollen haben lange Tradition in Deutschland. Seine Form soll an das in Windeln liegende Jesuskind erinnern, auf das die weiße Zuckerschicht außen eindrucksvoll hinweist.

Vorbereitung

Die Spielleitung legt ein paar Adventsplätzchen auf einen Teller und erklärt den Kindern die Wirkung von typischen Weihnachtsgewürzen, die wie alle übrigen Gewürze nicht im Übermaß verwendet werden dürfen. Dazu holt sie einen Teller, auf dem sich ein paar typische Weihnachtsgewürze befinden und an denen die Kinder nacheinander riechen dürfen. Währenddessen erklärt sie den Kindern, dass z. B. viele Weihnachtsgewürze wie Zimt, Ingwer und Kardamom wärmend, appetitanregend und verdauungsfördernd sind. Anschließend dürfen die Kinder der Reihe nach an unterschiedlichen Adventsplätzchen riechen. Dann erklärt sie das Aussehen des Stollens und schneidet ihn auf. Jedes Kind darf sich zum Kosten ein kleines Stückchen nehmen und sagen, wie es schmeckt.

Spielverlauf
Die Kinder sitzen im Stuhlkreis und bekommen die Augen verbunden. Die Spielleitung legt unterschiedliche Köstlichkeiten auf ein großes Tablett. Dabei dürfen aufgeschnittener Stollen und Adventsplätzchen keinesfalls fehlen. Sie geht im Innenkreis herum und lässt jedes Kind etwas nehmen. Die Kinder, die glauben, ein kleines Stückchen Stollen oder ein Adventsplätzchen im Mund zu haben, heben ihren Arm gut sichtbar in die Luft. Anschließend benennt die Spielleitung diejenigen Kinder, die soeben etwas Stollen oder ein Adventsplätzchen gekostet haben. Daraufhin nehmen alle Kinder ihre Augenbinde ab. Nacheinander dürfen sie beschreiben, ob ihre Kostprobe salzig, bitter, sauer oder gar süß geschmeckt hat. Dabei werden sie rasch feststellen, dass der Stollen und die Adventsplätzchen vor allem süß schmecken und nach ein paar typischen Weihnachtsgewürzen riechen, zu denen u. a. Gewürznelken, Zimt, Ingwer und Muskatnuss gehören.

Der 6. Dezember (Nikolaustag)

Alter: ab 5 Jahren
Anzahl: ab 6 Kindern
Material: 1 großer Kalender, 1 Schaumstoffwürfel, 1 kleiner Jutesack

Es gibt viele Legenden um den Nikolaus aus Myra, der im 4. Jahrhundert lebte und nach seinem Tod (er starb am 6. Dezember um 350 n. Chr.) heilig gesprochen wurde. In allen Geschichten wird von seinem großen Herzen für Kinder berichtet, um die er sich sehr kümmerte. Natürlich lebt der Nikolaus in den Augen der Kinder bis zum heutigen Tag. Wie jedes Jahr in der Adventszeit wollen sie vor allem nur eines wissen: „Wann kommt endlich der Nikolaus?“

Vorbereitung
Anhand eines Kalenders zeigt die Spielleitung den Kindern, an welchem Tag im Advent der Nikolaus kommt. Und wer weiß wohl, warum die Kinder am Vorabend des 6. Dezember ihre Stiefel putzen und vor die Türe stellen dürfen?

Spielverlauf
Alle Kinder bis auf eines bilden einen Stuhlkreis. Die Spielleitung bittet dieses Kind in die Kreismitte und übergibt einem weiteren Kind einen großen Schaumstoffwürfel. Das Kind in der Kreismitte erhält den Jutesack und spielt den Nikolaus, das andere Kind würfelt in Richtung Kreismitte. Sind weniger als sechs Augen zu sehen, bleiben alle Kinder sitzen. Der „Nikolaus“ bittet ein weiteres Kind, sich den Schaumstoffwürfel zu holen und zu würfeln. Das wird wiederholt, bis ein Kind eine „6“ würfelt. Dann ruft der Nikolaus laut „Nikolaustag!“ Daraufhin wechseln alle Kinder ihre Plätze miteinander. Auch der Nikolaus versucht, einen freien Platz zu finden. Das Kind, das keinen Stuhl ergattert, bekommt den Jutesack und übernimmt die Rolle des Nikolaus.

Stern in Gold

Alter: ab 4 Jahren
Anzahl: ab 8 Kindern
Material: 1 Blatt aus Goldfolie (20 × 20 cm), 1 Lineal, 1 Bleistift, 1 Schere

Der goldene Stern gilt als Zeichen für die Ankündigung des Jesuskindes. Denn die Hirten und später auch die drei Weisen folgten dem Stern und fanden so den Stall mit der Krippe.

Vorbereitung

Die Spielleitung zeichnet einen Stern auf die Goldfolie. Ein Kind schneidet den Stern aus.

Spielverlauf

Zwei Kinder übernehmen die Rolle der Hirten, alle anderen verteilen sich im Raum. Die Hirten schließen ihre Augen, alle übrigen Kinder gehen langsam im Raum spazieren. Dabei halten sie ihre Arme gut sichtbar in die Luft. Die Spielleitung übergibt den goldenen Stern einem beliebigen Kind. Danach bittet sie die beiden Hirten, ihre Augen zu öffnen und sich auf die Suche nach dem Kind zu machen, das den goldenen Stern in Händen hält. Wer von den beiden wird am schnellsten den goldenen Stern entdecken und diesem folgen können? Das Kind, das als erstes das gesuchte Kind berührt, wählt zwei Kinder aus, die in der neuen Spielrunde die Rolle der Hirten übernehmen.

Singen im Advent

Alter: ab 4 Jahren
Anzahl: ab 5 Kindern
Material: Adventslieder (z. B. „Leise rieselt der Schnee", „Macht hoch die Tür, die Tor macht weit" oder „Tochter Zion")

Das Singen von Adventsliedern wie „Leise rieselt der Schnee" und „Macht hoch die Tür, die Tor macht weit" ist ein alter christlicher Brauch und stimmt auf die Adventszeit ein. In vielen Regionen Österreichs und manchmal auch hierzulande findet ein traditionelles Adventssingen statt. Heute werden Weihnachtslieder wie „O du fröhliche" oder „Stille Nacht, heilige Nacht" bereits in der Adventszeit gesungen, in der Kirche jedoch erst an Weihnachten!

Vorbereitung
Die Kinder sitzen in einem Kreis beisammen, die Spielleitung liest ein bekanntes Adventslied, z. B. „Leise rieselt der Schnee", langsam vor. Anschließend geben die Kinder gemeinsam den Text inhaltlich wieder. Verstehen die Kinder den Liedtext? Wissen sie, worum es darin geht? So lernen die Kinder nach und nach die Adventslieder bewusst kennen, lieben und schätzen. Die Kinder singen gemeinsam.

„Leise rieselt der Schnee“

Text und Melodie: Eduard Ebel (1839–1905)

1. Leise rieselt der Schnee,
still und starr ruht der See,
weihnachtlich glänzet der Wald:
Freue dich, Christkind kommt bald!

2. In den Herzen ist's warm,
still schweigt Kummer und Harm,
Sorge des Lebens verhallt:
Freue dich, Christkind kommt bald!

3. Bald ist heilige Nacht,
Chor der Engel erwacht,
hört nur, wie lieblich es schallt:
Freue dich, Christkind kommt bald!

Die Kinder überlegen sich einen einfachen Tanz zu folgenden Bewegungsideen.

1. Strophe: Die Kinder halten ihre Arme in die Luft und bewegen die Finger über dem Kopf. Im Takt zur Melodie gehen sie im Uhrzeigersinn seitwärts im Kreis herum.

2. Strophe: Zu Beginn der Strophe legen sie die rechte Hand auf ihr Herz. Sie bleiben stehen und halten den Zeigefinger ihrer linken Hand an die Lippen, um Stille zu verdeutlichen. Sie zeigen ihre Freude, indem sie ihre Arme weit über den Kopf ausstrecken und seitlich zum Oberkörper führen.

3. Strophe: Sie gehen im Takt der Melodie ein paar Schritte in Richtung Kreismitte auf eine imaginäre Krippe zu. Sie bleiben stehen und halten eine Hand an ihr Ohr und lauschen dem „Chor der Engel“. Sie drücken erneut ihre Freude aus, indem sie ihre Arme weit über den Kopf ausstrecken und dann wieder seitlich zum Körper führen.

Pfefferkuchenhaus
(auch „Knusperhaus" genannt)

Alter: ab 5 Jahren
Anzahl: ab 6 Kindern
Material: 1 weißes Blatt Papier DIN A4, Buntstifte, 1 Pfefferkuchenhaus

In der Vorweihnachtszeit werden gerne Lebkuchen gebacken und manchmal daraus Häuser gebaut. Über die genaue Herkunft des Lebkuchens ist man sich uneinig. Jedoch haben schon die Ägypter honiggesüßte kleine Kuchen gekannt und als Grabbeigabe verwendet.
Die Lebkuchengewürze wie Anis, Koriander, Ingwer und Muskat kamen aus fernen Ländern und waren zur damaligen Zeit sehr teuer und daher etwas ganz Besonderes. Sie gehörten zur Fastenküche und wurden z. B. auch zu Ostern verzehrt.

Vorbereitung
Ein Kind holt sich ein weißes Blatt Papier (DIN A4), das es direkt vor sich auf den Tisch legt. Es faltet die beiden Längsseiten des Papiers aufeinander, öffnet das Papier und faltet die beiden oberen Ecken bis zur Mittellinie, so dass die beiden Kanten aneinander stoßen und ein Haus mit einem spitzen Dach entsteht. Anschließend malen die Kinder das Papierhaus an, so dass es wie ein Pfefferkuchenhaus aussieht. Die Spielleitung bringt ein Pfefferkuchenhaus zum Kosten mit. Möglicherweise kann sie es zuvor auch gemeinsam mit den Kindern backen.

Spielverlauf

Die Kinder probieren jeweils ein kleines Stück vom Pfefferkuchenhaus und überlegen miteinander, welche Zutaten dafür wohl benötigt werden. Wurden einige Zutaten wie Mehl, Eier, Zimt, Milch, Nüsse, Mandeln, Lebkuchengewürz, Rosinen genannt, bilden alle Kinder bis auf eines einen Kreis. Das Kind geht mit dem Pfefferkuchenhaus aus Papier in die Kreismitte und sagt z. B.: „Ich backe ein Pfefferkuchenhaus und brauche dafür Mehl!“ Es geht auf ein Kind zu, bleibt vor diesem stehen und übergibt sein Pfefferkuchenhaus aus Papier. Dabei sagt es laut: „Was brauchst du für dein Pfefferkuchenhaus?“ Nachdem die beiden Kinder ihre Plätze getauscht haben, geht das Kind mit dem Papierhaus in die Kreismitte und wiederholt das Spiel mit einer neuen Zutat. Das Spiel ist beendet, wenn alle Kinder wenigstens eine Zutat benennen konnten.

Variante für ältere Kinder

Das Kind, das mit dem Pfefferkuchenhaus aus Papier in der Kreismitte steht, versucht alle Zutaten, die bereits genannt wurden, nacheinander aufzuzählen und dann eine weitere Zutat hinzuzufügen.

Weihnachtskugeln

Alter: ab 4 Jahren
Anzahl: ab 4 Kindern
Material: pro Kind 1 Augenbinde, 1 Arbeitsunterlage und etwas Ton oder Knetmasse, ruhige Instrumentalmusik, 1 Triangel

Vor allem in der Advents- und Weihnachtszeit sehnen sich die Menschen nach Harmonie und einer vollkommenen Welt, in der es friedvoll zugeht. Kugeln sind rund, fühlen sich harmonisch an und symbolisieren durch ihre Form Vollkommenheit.

Die Spielleitung vermittelt den Kindern, weshalb Kugeln als Christbaumschmuck verwendet werden. Die Kinder bilden gleich große Kleingruppen und setzen sich jeweils um einen Tisch herum. Die Spielleitung übergibt jedem Kind eine Arbeitsunterlage und ein Stück Ton oder Knetmasse. Anschließend verbindet sie jedem Kind die Augen und stellt ruhige Instrumentalmusik an. Die Kinder formen aus ihrem Ton eine Kugel, allerdings nur so lange, bis die Triangel erklingt. In diesem Augenblick geben sie das, was sie in ihren Händen halten, nach rechts weiter, um das Kneten und Formen fortzusetzen. Das Spiel wird so lange weitergeführt, bis alle Kinder wieder ihren ursprünglichen Ton in Händen halten. Dann nehmen sie ihre Augenbinde ab und schauen nach, ob lauter Kugeln entstanden sind. Sie wählen miteinander die schönste aus und reichen sie von Hand zu Hand. Jeweils das Kind, das die Kugel gerade hält, teilt der Gruppe einen Wunsch mit, den man nicht kaufen kann.

Äpfel und Nüsse

Alter: ab 3 Jahren
Anzahl: ab 6 Kindern, gerade Anzahl
Material: 1 Nussknacker, 1 Küchenmesser, für die Hälfte der Kinder 1 Walnuss, 1 Apfel, 1 Pappteller und Buntstifte

Wohlschmeckende und nahrhafte Äpfel und Nüsse sind oft auf dem Adventsteller und im Nikolaussack zu finden. Das kommt daher, weil der 24. Dezember nach altkirchlicher Tradition der Gedenktag von Adam und Eva ist, die trotz Gottes Verbot vom Baum der Erkenntnis aßen. In der westlichen Welt spricht man dabei gerne vom Apfel, in der Bibel allgemein von einer Frucht. Im Mittelalter wurde das Paradiesspiel vor dem Christusspiel in den Kirchen aufgeführt.
Die Kinder nehmen durch das folgende Spiel Äpfel, aber auch Nüsse, die eine harte Schale und innen einen verborgenen Kern haben und ein Symbol des Lebens sind, ganz bewusst in Augenschein und teilen sie miteinander.

Vorbereitung
Immer zwei Kinder gestalten jeweils einen Adventsteller, indem sie einen Pappteller mit unterschiedlichen Motiven (Sterne, Herzen und Kerzen) bemalen. Die Spielleitung knackt ein paar Walnüsse in zwei Hälften, schneidet die gewaschenen Äpfel in der Mitte durch und legt jeweils zwei Nusshälften und zwei Apfelhälften auf den bemalten Teller.

Spielverlauf
Die Kinder bilden einen Stuhlkreis. Jedes zweite Kind im Kreis nimmt seinen gefüllten Adventsteller. Die Kinder stellen sich direkt vor ihre Stühle. Ein Kind, das einen Teller in Händen hält, geht auf ein weiteres Kind zu, um diesem jeweils eine Hälfte seiner Nuss und seines Apfels anzubieten. Das Kind bedankt sich, nimmt sich eine halbe Nuss und einen halben Apfel und setzt sich schließlich auf seinen Stuhl. Währenddessen geht das Kind auf seinen Platz zurück, setzt sich ebenfalls auf seinen Stuhl und ruft ein weiteres Kind auf, das sich mit seinem Teller in die Kreismitte begibt. Das betreffende Kind setzt dann das Spiel auf die gleiche Art fort. Sitzen alle Kinder mit einer halben Nuss und einem halben Apfel in der Hand im Stuhlkreis, wünschen sich alle gegenseitig einen „Guten Appetit!“ und essen gemeinsam.

Christbaum / Weihnachtsbaum

Alter: ab 5 Jahren
Anzahl: ab 3 Kindern
Material: 1 kleiner Tannenbaum, 1 große Papierrolle, Klebeband, 1 Bleistift, Wachsmalkreide, schwungvolle Adventsmusik, ruhige Instrumentalmusik, pro Kind 1 grüner Wachsmalstift, 1 grüner Fotokarton (DIN A4) und 1 Schere

Der Baum symbolisiert das Leben. Seine Wurzeln geben Halt, den insbesondere Kinder brauchen. Zudem wächst ein Baum in die Höhe und ist ein Zeichen für Hoffnung, die mit Symbolen wie Glocken, Herzen und Fischen am Baum zum Ausdruck gebracht werden. Auch der Christbaum, der mit Kerzen oder Lichterketten versehen und liebevoll geschmückt ist, wird fest in seinen Ständer hineingeschraubt. Unter den Baum kann man die Krippe stellen.

Vorbereitung
Die Spielleitung bringt einen kleinen Tannenbaum in die Einrichtung, den die Kinder gemeinsam schmücken. Dabei erklärt sie ihnen, warum Bäume zu Weihnachten geschmückt werden. Sie zeichnet auf jeden Fotokarton den Umriss eines Tannenbaums, den die einzelnen Kinder ausschneiden.

Spielverlauf
Die Kinder rollen ein großes Stück Papier aus, das die Spielleitung von der Rolle abschneidet und mit Klebeband auf dem Boden befestigt. Jedes Kind holt sich einen grünen Wachsmalstift und eine Tannenbaumschablone und kniet sich auf das Papier. Erklingt die Musik, ahmen die Kinder

sämtliche Bewegungen der Spielleitung nach, die z. B. im Takt zur Musik auf ihre Oberschenkel patscht, in die Hände klatscht oder mit den Fingern schnippt. Sobald die Spielleitung aufsteht, um die Pausentaste des Abspielgeräts zu drücken, legen die Kinder ihre Schablonen auf das Papier und malen den Umriss ihrer Tannenbäume ab. Danach suchen sie sich einen neuen Platz und knien wieder um das Papier herum. Es beginnt eine neue Spielrunde! Nach drei bis vier Durchgängen gehen die Kinder um das Papier herum und betrachten die gezeichneten Tannenbäume. Nun erhalten sie die Aufgabe, sämtliche „Tannenbäume" zu schmücken, indem sie Weihnachtsschmuck dazumalen. Hierzu kann die Spielleitung eine ruhige Instrumentalmusik einschalten. Sind alle Weihnachtsbäume geschmückt, ist das Gemeinschaftsbild fertiggestellt.

Geschenke zu Weihnachten

Alter: ab 5 Jahren
Anzahl: ab 6 Kindern
Material: 1 leere Schuhschachtel ohne Deckel, Geschenkpapier mit weihnachtlichen Motiven, Scheren, Klebestifte, viele kleine Naturmaterialien (z. B. Steine, Zapfen und Muscheln)

In der Adventzeit machen sich viele Menschen Gedanken darüber, was sie ihren Liebsten schenken sollen. Es werden gerne kleine und große Geschenke gekauft und liebevoll verpackt. Christen erinnert das Schenken gerade in der Advents- und Weihnachtszeit besonders an Jesus Christus. Er ist das Geschenk Gottes an die Menschheit! Kleine Geschenke am Weihnachtsbaum verweisen zudem auf die Gaben der Heiligen Drei Könige an das Kind.

Vorbereitung

Die Kinder verzieren die Schuhschachtel, indem sie aus dem Geschenkpapier ein paar Weihnachtsmotive ausschneiden, die sie auf die Schachtel kleben. Danach bilden sie einen Stuhlkreis und tauschen sich darüber aus, warum wir Weihnachten feiern. Sie sprechen darüber, was Gott uns geschenkt hat. In diesem Zusammenhang sammeln sie Ideen für Geschenke, die nicht mit Geld zu bezahlen sind.

Spielverlauf

Die Spielleitung legt unterschiedliche kleine Naturmaterialien in die Kreismitte. Ein Kind erhält die weihnachtlich verzierte Schuhschachtel, die zum Verpacken eines Geschenks hervorragend geeignet ist. Das

Kind geht mit der Schachtel in die Kreismitte, um eines der kleinen Kostbarkeiten, z. B. einen Stein, hineinzulegen. Dann geht es auf ein anderes Kind zu, bleibt vor diesem stehen und sagt z. B.: „Ich schenke dir diesen schönen Stein, der dir Glück bringen soll!" Das Kind bedankt sich und nimmt die Schachtel entgegen. Es holt das „Geschenk" heraus, legt es unter seinen Stuhl und tauscht mit dem Kind den Platz, um das Spiel auf die gleiche Art fortzusetzen. Erst wenn alle Kinder etwas verschenkt haben, ist das Spiel beendet.

Warum läuten die Glöckchen?

Alter: ab 4 Jahren
Anzahl: ab 8 Kindern
Material: unterschiedliche Glöckchen, 1 Weihnachtsmannglocke, 1 Augenbinde

Glocken läuten, um die Menschen z. B. zum Gottesdienst einzuladen, vor Unwetter zu warnen oder ihnen einfach nur die Tageszeit mitzuteilen. Glocken hängen auch am Weihnachtsbaum. Ihr Klang ist auf nahezu jedem Weihnachtsmarkt und in vielen Häusern kurz vor der Bescherung zu hören. Auch der Nikolaus läutet gerne mit der Glocke, um auf sich aufmerksam zu machen. Unabhängig davon symbolisieren Glocken den Frieden und dienen dazu, diesen einzuläuten.

Vorbereitung
Die Kinder sitzen im Stuhlkreis und erzählen einander, wo sie überall eine Glocke entdeckt haben. Danach reicht ihnen die Spielleitung unterschiedliche Glöckchen, die sie im Uhrzeigersinn weitergeben. Währenddessen erzählt sie, wozu Glocken läuten und was sie symbolisieren.

Spielverlauf
Ein Kind stellt sich in die Kreismitte und bekommt von der Spielleitung die Augen verbunden. Anschließend übergibt die Spielleitung einem weiteren Kind, das im Stuhlkreis sitzt, die Weihnachtsmannglocke. Das betreffende Kind läutet einmal die Glocke und übergibt sie dem Kind, das rechts neben ihm sitzt. Dieses läutet ebenfalls einmal die Glocke und reicht sie dann weiter. Auf diese Weise wird das Spiel immer weitergeführt, bis die Spielleitung die Hand hebt. In diesem Moment darf die Glocke weder geläutet noch weitergereicht werden. Vielmehr fragt das Kind, das gerade die Glocke in der Hand hält: „Weißt du, wie oft die Glocke den Frieden eingeläutet hat?" Das Kind in der Kreismitte versucht die Anzahl zu benennen. Zur Kontrolle nimmt es seine Augenbinde ab und zählt die Kinder, die nun den Vorgang in umgekehrter Reihenfolge bis zum Ausgangskind wiederholen. Anschließend wechselt es seinen Platz mit einem weiteren Kind, das sich nun die Augen von der Spielleitung verbinden lässt.

Weihnachtskrippe

Alter: ab 4 Jahren
Anzahl: ab 3 Kindern
Material: Ton (der an der Luft erhärtet), Bilder von verschiedenen Krippen, unterschiedliche Naturmaterialien (z. B. Rindenstücke, kleine Hölzer, Moos, Zapfen, Stroh), Figuren (Heilige Familie, Wirt, Ochs, Esel etc.)

Überall auf der ganzen Welt feiern Christen Weihnachten und stellen Weihnachtskrippen auf, die allesamt das neu geborene Christkind zeigen. Hierzulande liegt es in der Futterkrippe auf Stroh. Im Stall befinden sich die Heilige Familie bestehend aus Maria, Josef und dem Jesuskind, sowie Ochs und Esel. Manchmal stehen vor dem Stall zusätzliche Figuren, z. B. die Hirten und ihre Schafe sowie die Heiligen Drei Könige.

Vorbereitung
Die Kinder bilden drei bis vier gleich große Gruppen. Jede Gruppe formt die Figuren aus der Weihnachtsgeschichte aus Ton. Die Spielleitung erzählt den Kindern die Weihnachtsgeschichte und zeigt ihnen Bilder, auf denen unterschiedliche Krippen aus Holz, Papier und Ton mit der Heiligen Familie zu sehen sind. Für die einzelnen Gruppen stellt die Spielleitung jede Menge unterschiedlicher Naturmaterialien bereit.

Spielverlauf
Die Aufgabe der Kinder besteht darin, innerhalb ihrer Gruppe eine gemeinsame Weihnachtskrippe zu bauen. Anschließend holt sich jede Gruppe ihre Heilige Familie und ein paar weitere Figuren. Die Kinder setzen sich um ihre Weihnachtskrippe herum. Die Spielleitung erzählt, wie Maria und Josef eine Herberge suchen und schließlich zu einem Stall kommen. Dabei ist immer ein Kind für ein bis zwei „Figuren" zuständig. Wird z. B. das Jesuskind genannt, darf das betreffende Kind diese Figur in die „Futterkrippe" legen.

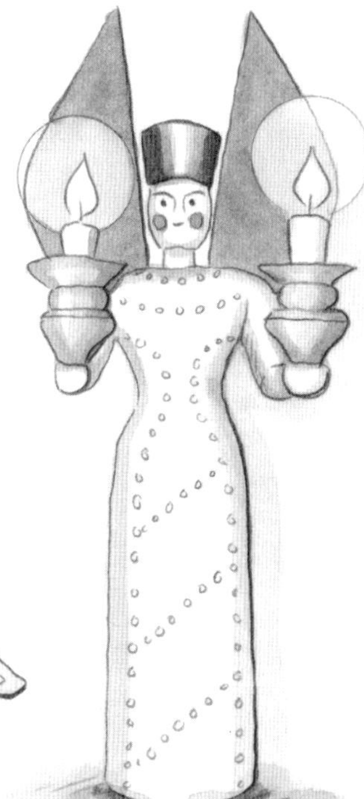

Engel

Alter: ab 5 Jahren
Anzahl: ab 5 Kindern
Material: 2–3 Bilder von Engeln

Engel sind uns als Schutzengel und Weihnachtsengel bekannt. Es gibt sie in nahezu allen Religionen. An Weihnachten kann man ein Abbild von ihnen häufig an der Spitze des Christbaums entdecken. Nach Aussage der Bibel verkündigten sie die Geburt Jesu Christi.

Vorbereitung
Die Kinder beschreiben, wie Engel ihrer Meinung nach aussehen. Die Spielleitung zeigt den Kindern unterschiedliche Bilder von Engeln, die in der Regel zwei Flügel haben. Sie erzählt ihnen auch, welche Rolle die Engel in der Weihnachtsgeschichte gespielt und was sie wem verkündet haben.

Spielverlauf
Ein paar Kinder spielen Hirten, und, bis auf ein Kind, alle übrigen die Schafe. Die „Hirten“ tun so, als ob sie auf der Schafsweide schlafen würden.
Ein Kind spielt den Engel, der die Geburt von Jesus Christus verkündigt.

Guten Tag, Herr Weihnachtsmann!

(Stuhl-)Kreisspiele und Tänze

Spiele im Kreis machen Spaß und eignen sich für kleine wie große Gruppen gleichermaßen, die sich keineswegs vertraut sein müssen. Denn die Aufstellungsform des Kreises ermöglicht, dass alle Beteiligten jederzeit zueinander einen guten Blickkontakt herstellen, aufeinander deuten, das Spielgeschehen optimal verfolgen und die Spielregeln hervorragend einhalten können. Obwohl der Kreis in sich geschlossen ist, können die Kinder die Größe des Kreises stets verändern. So bietet sich für ruhigere Spiele eine engere, und für schwungvolle Spiele eine eher großzügigere Aufstellungsform an. Auch können einzelne Kinder in die Kreismitte treten und im Mittelpunkt stehen. Darüber hinaus ist es möglich, den Außenkreis in das Spiel einzubeziehen und somit den Platz außerhalb des Kreises zu nutzen.

Kreisspiele im Sitzen oder Stehen sind natürlich das ganze Jahr möglich. In der Vorweihnachtszeit werden sie gerne eingesetzt, um bestimmte Dinge, z. B. einen in der Kreismitte platzierten Adventskranz, während des Spielverlaufs gut sehen zu können. Zudem können die Kinder z. B. Strohsterne, Tannenzweige oder Nüsse von Hand zu Hand weiterreichen und dabei in Augenschein nehmen.

In diesem Kapitel gibt es zahlreiche Spiele und Tänze, die ruhig oder temporeich sein können. Darunter sind viele Spielideen, bei denen es weder Gewinner noch Verlierer gibt. Sie stärken das Wir-Gefühl erheblich, das in der Vorweihnachtszeit ein besonderes Gewicht erhält.

Es sind vier Kerzen!

Alter: ab 4 Jahren
Anzahl: ab 5 Kindern
Material: 1 Adventskranz mit Kerzen, 1 großer Schaumstoffwürfel

Adventskränze können sehr unterschiedlich arrangiert werden. Eines ist bei allen Adventskränzen gleich: An jedem Adventssonntag wird eine weitere Kerze am Kranz entzündet.

Die Kinder bilden einen großzügigen Kreis um einen kleinen Tisch herum, auf den die Spielleitung einen Adventskranz und daneben die vier dazugehörigen Kerzen stellt. Eines der Kinder erhält von der Spielleitung einen großen Schaumstoffwürfel, mit dem es in Richtung Kreismitte würfelt. Erwürfelt es z. B. *ein* Auge, geht es in die Kreismitte, um *eine* Kerze auf dem Adventskranz anzubringen. Danach übergibt das Kind den Würfel an sein rechtes Nachbarkind, das jetzt versucht, zwei Augen zu erwürfeln. Sollte das nicht gelingen, gibt es den Würfel seinem rechten Nachbarskind, welches das Würfelspiel auf die gleiche Art wiederholt. Das geht so lange, bis alle Kinder vier Kerzen auf dem Reifen platzieren konnten.

Guten Tag, Herr Weihnachtsmann!

Alter: ab 3 Jahren
Anzahl: ab 6 Kindern
Material: 1 Weihnachtsmann-Mütze

Alle Kinder bis auf eines sitzen im Kreis. Das einzelne Kind spielt den Weihnachtsmann und setzt sich die Mütze auf den Kopf. Es geht im Innenkreis herum und sagt: „Ich gehe nun im Kreis herum und schaue mich hier um!“ Kaum ist der Satz beendet, bleibt es stehen und dreht sich zu dem Kind, das direkt neben ihm sitzt. Das betreffende Kind steht auf und reicht dem „Weihnachtsmann“ zur Begrüßung die Hand und sagt: „Guten Tag, Herr Weihnachtsmann!“ Dieser erwidert den Gruß, übergibt die Mütze und tauscht mit dem Kind den Platz. Das Spiel wird wiederholt.

Tipp

Steht ein Mädchen im Innenkreis und hat die Mütze auf, heißt es: „Guten Tag, Frau Weihnachtsfrau!“

Wunderkerzen-Begrüßung

Alter: ab 5 Jahren
Anzahl: ab 6 Kindern
Material: Wunderkerzen, 1 Feuerzeug

Wunderkerzen leuchten hell, laden zum Staunen ein und tragen zu einer festlichen Atmosphäre bei. Das Licht spielt sowohl in der dunklen Jahreszeit als auch in der Weihnachtsgeschichte eine große Rolle. So folgten die Hirten dem hellen Stern bis nach Bethlehem.

Alle Kinder bis auf eines stehen direkt vor ihren Stühlen im Kreis. Die Spielleitung stellt sich gemeinsam mit dem Kind in die Kreismitte und entzündet die Wunderkerze, die im Gegensatz zu vielen anderen Kerzen schnell wieder erlischt. Während die Wunderkerze hell leuchtet, sagt das Kind in der Kreismitte: „Wunderkerzen leuchten hell, … (Name eines Kindes einsetzen), komm ganz schnell!" Daraufhin läuft das ausgewählte Kind in die Kreismitte, um das Kind zu begrüßen. Danach tauschen die beiden Kinder miteinander den Platz. Während nun das Kind sich auf den freien Stuhl setzt, wiederholt das Kind in der Kreismitte das Spiel, indem es auf die gleiche Art ein neues Kind aufruft. Sobald die Wunderkerze erlischt, darf eine neue angezündet werden. Wenn alle Kinder im Stuhlkreis sitzen, ist das Spiel beendet.

Adventstanz

Alter: ab 4 Jahren
Anzahl: ab 10 Kindern
Material: 1 Tisch, 1 Adventskranz, 1 Feuerzeug, 1 Adventsmusik (z. B. „Leise rieselt der Schnee")

Vorbereitung

Die Spielleitung platziert in der Raummitte einen Tisch mit dem Adventskranz.

Spielverlauf

Die Kinder bilden um den Tisch herum einen Innen- und einen Außenkreis, bei dem sich jeweils zwei Kinder direkt gegenüber stehen. Die Spielleitung schaltet Adventsmusik ein, die Kinder, die im Außenkreis stehen, fassen ihre Hüften an und drehen sich im Uhrzeigersinn rhythmisch auf der Kreisbahn herum. Die Kinder im Innenkreis bleiben stehen und patschen im Takt zur Melodie auf ihre Oberschenkel. Nach einer Weile hält die Spielleitung die Musik an, indem sie die Pausentaste des Abspielgeräts drückt. Die Kinder im Außenkreis bleiben stehen und wenden sich dem nächsten Kind aus dem Innenkreis zu. Sie reichen sich gegenseitig die Hände und wünschen sich je nach Datum einen schönen 1., 2., 3. oder 4. Advent. Anschließend schaltet die Spielleitung die Adventsmusik wieder ein und eröffnet eine neue Spielrunde. Nach zwei bis drei Durchgängen tauschen die Kinder, die sich gerade direkt gegenüber stehen, miteinander ihren Platz, so dass alle Kinder irgendwann einmal zum Rhythmus der Musik tanzen und auf ihre Oberschenkel patschen können.

Nach ein paar Durchgängen stellen sich alle Kinder nebeneinander auf die Kreisbahn, so dass sie den Adventskranz gut sehen können. Dabei halten sie sich gegenseitig an den Händen. Die Spielleitung zündet je nach Datum die entsprechende Anzahl an Kerzen am Kranz an. Sie schaltet erneut die Adventsmusik ein, zu der die Kinder jetzt Hand in Hand im Takt zur Melodie im Kreis herumgehen und dabei den Adventskranz betrachten.

Der Nikolaus geht um ...

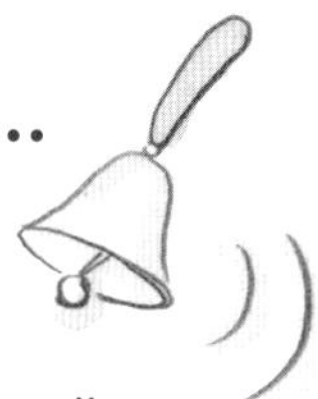

Alter: ab 3 Jahren
Anzahl: ab 6 Kindern
Material: 1 Nikolaus aus Holz o. Ä., 1 Weihnachtsmannglocke, 1 Augenbinde

Alle Kinder bis auf eines befinden sich im Stuhlkreis. Das Kind begibt sich in die Kreismitte, erhält eine Weihnachtsmannglocke und bekommt von der Spielleitung die Augen verbunden. Ein Kind aus dem Stuhlkreis erhält einen kleinen Nikolaus aus Holz, den es seinem rechten Nachbarskind übergibt und sagt: „Hallo, ich bin der Nikolaus!“ Das Kind nimmt den Nikolaus und übergibt ihn auf die gleiche Art seinem rechten Nachbarskind. Nach einer Weile lässt das Kind in der Mitte die Glocke erklingen. Es zieht seine Augenbinde ab, schaut sich um und geht auf das Kind zu, das gerade den Nikolaus in Händen hält. Die beiden Kinder begrüßen sich gegenseitig und wechseln miteinander den Platz, so dass das Spiel von vorne mit einem neuen Kind in der Kreismitte beginnt.

Tannenbaum gesucht!

Alter: ab 4 Jahren
Anzahl: ab 5 Kindern
Material: pro Kind 1 Blatt weißes Tonpapier (DIN A4), Wachsmalstifte, 1 Paar Klangstäbe, Tannenbaum-Malvorlage (s. S. 22)

Vorbereitung

Alle Kinder malen alleine oder mit Hilfe einen Tannenbaum auf ihr Papier.

Spielverlauf

Die Kinder bilden einen großzügigen Stuhlkreis und stellen ihr Tannenbaum-Bild auf ihren Stuhl, so dass das Bild von der Stuhllehne gehalten und somit gut sichtbar ist. Die Spielleitung stellt sich mit den Klangstäben in die Kreismitte. Zum Rhythmus der Klangstäbe bewegen sich die Kinder so lange im Innenkreis herum, bis die Spielleitung mit dem Musizieren aufhört. Alle Kinder laufen schnell los, um sich hinter einen

freien Tannenbaum-Stuhl zu stellen und die Spielleitung in der Kreismitte mit einem herzlichen „Hallo, Frau ... oder Hallo, Herr ... *(Name der Spielleitung einsetzen)*!" zu begrüßen. Anschließend übergibt sie einem Kind die Klangstäbe und tauscht mit ihm den Platz. Dieses Kind gibt jetzt seinen Rhythmus vor. Sind alle Kinder einmal in der Kreismitte gewesen, „schmücken" sie ihre Tannenbäume, indem sie z. B. Weihnachtskugeln und andere Anhänger auf ihrem Baum anbringen bzw. dazu malen.

Rentierschlitten

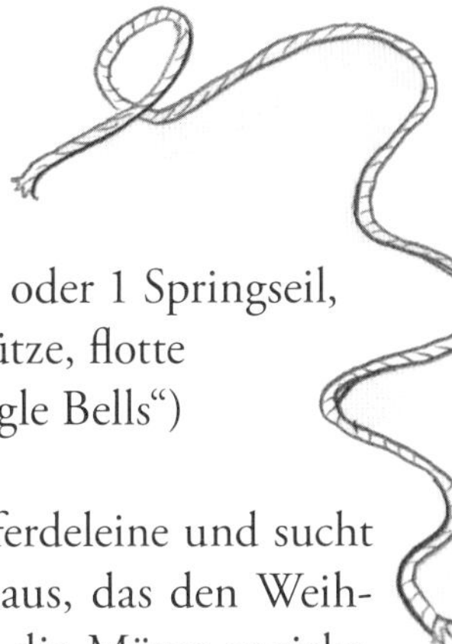

Alter: ab 3 Jahren
Anzahl: ab 7 Kindern
Material: 1 Pferdeleine oder 1 Springseil, 1 Weihnachtsmann-Mütze, flotte Wintermusik (z. B. „Jingle Bells")

Ein Kind erhält eine Pferdeleine und sucht sich ein weiteres Kind aus, das den Weihnachtsmann spielt und die Mütze anzieht. Die Spielleitung legt dem „Rentier" in der Kreismitte das Zaumzeug an, der „Weihnachtsmann" hält die Zügel. Anschließend schaltet die Spielleitung die Musik ein, zu welcher der „Weihnachtsmann" mit seinem „Rentierschlitten" im Kreis herumgeht. Alle übrigen Kinder patschen rhythmisch auf ihre Oberschenkel. Sobald die Spielleitung die Pausentaste des Abspielgeräts drückt, suchen sich „Rentier" und „Weihnachtsmann" jeweils neue Kinder im Kreis aus, die sie begrüßen und mit denen sie ihre Plätze tauschen.

Weihnachtsgrüße

Alter: ab 3 Jahren
Anzahl: ab 5 Kindern
Material: 1 Weihnachtskarte; evtl. Augenbinde

Die Kinder stellen sich direkt vor ihre Stühle in einen engen Kreis. Ein Kind erhält eine Weihnachtskarte und benennt ein anderes Kind, dem es gerne Weihnachtsgrüße schicken möchte. Dann übergibt es die Karte dem Kind, das rechts neben ihm steht. Nun wandert die Karte so lange von Hand zu Hand, bis sie das benannte Kind erreicht hat. Das Kind bedankt sich für die Weihnachtsgrüße, setzt sich auf seinen Stuhl und wählt ein weiteres Kind aus, dem es die Weihnachtskarte gerne schicken möchte. Das Spiel ist aus, wenn alle Kinder die Weihnachtskarte einmal „zugeschickt" bekommen haben und im Stuhlkreis beisammen sitzen.

Variante für ältere Kinder
Bis auf ein Kind sitzen alle im Kreis. Das Kind steht in der Kreismitte und bekommt von der Spielleitung die Augen verbunden. Anschließend übergibt die Spielleitung einem Kind die Weihnachtskarte und deutet auf ein weiteres Kind, das z. B. sagt: „Ich bin … *(Name des Kindes einsetzen)* und bekomme hoffentlich eine Weihnachtskarte!" Während die Kinder die Karte von Hand zu Hand im Uhrzeigersinn weiterreichen, so tun als ob sie die Postkarte abstempeln würden und dabei „Die Post ist da!" rufen, versucht das Kind anhand der Stimmen herauszufinden, ob die Weihnachtskarte bereits bei dem gesuchten Kind angekommen ist. Glaubt das Kind, die Stimme des gesuchten Kindes zu hören, ruft es laut „Stopp!" und nimmt seine Augenbinde ab. Stimmt die Vermutung des Kindes oder wurde die Adresse bzw. das Kind verwechselt? Unabhängig davon darf jetzt ein weiteres Kind das Spiel in der Kreismitte erneut beginnen.

Weihnachtsmanntanz

Alter: ab 3 Jahren
Anzahl: ab 7 Kindern
Material: 1 Weihnachtsmann-Mütze, flotte Advents- oder Weihnachtsmusik (z. B. „Morgen kommt der Weihnachtsmann"), für alle Kinder bis auf eines 1 Rassel

Alle Kinder bis auf eines erhalten eine Rassel. Das Kind setzt sich die Mütze auf, begibt sich in die Kreismitte und spielt den Weihnachtsmann, der Lust auf ein Tänzchen hat. Die Spielleitung schaltet die flotte Musik ein, zu welcher der Weihnachtsmann ein Kind zum Tanzen auffordert. Das ausgewählte Kind legt dazu sein Instrument beiseite. Während die beiden Kinder sich gegenseitig die Hände geben und im Takt zur Musik im Innenkreis tanzen, begleiten die anderen mit ihren Rasseln die Musik. Nach einer Weile drückt die Spielleitung die Pausentaste. Das Kind übergibt seine Mütze dem Kind, mit dem es gerade getanzt hat. Es holt sich die Rassel und stellt sich auf dessen Ausgangsplatz, so dass der neue „Weihnachtsmann" eine weitere Tanzrunde eröffnen kann.

Wer nascht denn da?

Alter: ab 3 Jahren
Anzahl: ab 6 Kindern

Alle Kinder bis auf eines stehen im Kreis. Das übrige Kind geht in die Kreismitte und schließt seine Augen. Die Spielleitung deutet auf ein Kind, welches ein Pfefferkuchenhaus spielen soll. Alle anderen Kinder denken sich etwas Ungenießbares aus (z. B. ein Auto), das sie sein wollen. Ist jeder bereit, bittet die Spielleitung das Kind, seine Augen zu öffnen und das „Pfefferkuchenhaus" zu suchen. Dabei bleibt es immer wieder direkt vor einem Kind stehen, um von diesem zu „naschen". Dazu macht es laute Schmatzgeräusche. Hört das betreffende Kind die Schmatzgeräusche und ist nicht das „Pfefferkuchenhaus", sagt es z. B. „Ich bin ein Auto! Du kannst mich doch nicht essen!" Daraufhin setzt das Kind seinen Spaziergang im Innenkreis so lange fort, bis es erneut direkt vor einem Kind stehen bleibt und dabei laut schmatzt. Sollte es sich hierbei um das „Pfefferkuchenhaus" handeln, ruft das betreffende Kind laut: „Wer nascht denn da?" Daraufhin läuft das Kind so schnell wie möglich in Richtung eines Kindes, das sich in seiner Nähe befindet. Gelingt es ihm, ein Kind zu umarmen, bevor es vom „Pfefferkuchenhaus" erwischt wird? Falls ja, tauschen die beiden Kinder miteinander ihre Plätze. Ansonsten wählt die Spielleitung ein neues Kind aus, das in die Kreismitte treten und die Augen schließen darf.

Adventslichtertanz

Alter: ab 3 Jahren
Anzahl: ab 5 Kindern
Material: 4 Teelichter, 4 saubere Marmeladengläser ohne Etikette, Glasmalfarbe, ruhige instrumentale Adventsmusik (z. B. „Macht hoch die Tür, die Tor macht weit"), 1 langes Feuerzeug

Vorbereitung

Die Kinder malen auf vier Marmeladengläser weihnachtliche Motive wie Sterne, Weihnachtsbäume und Kerzen.

Spielverlauf

Die Kinder führen an oder nach dem ersten Adventssonntag den folgenden Adventslichtertanz durch. Die Spielleitung gibt ein Teelicht in ein Marmeladenglas, geht in die Kreismitte und stellt das Glas etwa einen halben Meter von den Füßen eines Kindes im Kreis entfernt ab. Dann schaltet sie ruhige instrumentale Adventsmusik ein, zu der die Kinder Hand in Hand rhythmisch im Kreis herumgehen. Ist das Lied beendet, bleiben die Kinder stehen und schauen sich im Kreis um. Das Kind, das dem Marmeladenglas am nächsten steht, darf das Teelicht mit Hilfe eines langen Feuerzeugs entzünden. Brennt das Teelicht im Glas, sagen die Kinder das altbekannte Adventsgedicht auf:

„Advent, Advent, ein Lichtlein brennt.
Erst eins, dann zwei, dann drei, dann vier –
dann steht das Christkind vor der Tür."

Anschließend wünschen sie sich gegenseitig einen schönen 1. Advent und machen das Teelicht aus.

Varianten

Am 2. Advent wiederholen die Kinder den Tanz mit zwei Teelichtern, am 3. Advent mit drei Teelichtern und am 4. Advent mit vier Teelichtern auf die gleiche Art.

Weihnachtswünsche

Alter: ab 5 Jahren
Anzahl: ab 5 Kindern
Material: 1 Styroporkugel, Filzstifte; evtl. Sitzkissen

In der Vorweihnachtszeit und zu Weihnachten werden viele gute Wünsche für das große Fest und das kommende Jahr ausgesprochen, die Kinder sich gegenseitig mitteilen können.

Vorbereitung
Auf die Styroporkugel malen die Kinder weihnachtliche Motive wie Sterne, Glocken oder einen Weihnachtsbaum.

Spielverlauf
Die Kinder sitzen in einem engen Stuhlkreis. Eines der Kinder erhält die Styroporkugel und bittet alle Kinder, ihre Beine etwas zu spreizen, so dass es die Kugel gut unter den Stuhl eines Kindes rollen kann. Wenn das gelingt, sagt es zu dem betreffenden Kind z. B.: „Ich wünsche dir ein schönes Weihnachtsfest!" Verfehlt die Kugel ihr Ziel, ruft das Kind ein weiteres Kind auf, das sich die Kugel nehmen und das Spiel wiederholen darf. Das Spiel ist beendet, wenn alle Kinder wenigstens einen Weihnachtswunsch äußern konnten.

Weitere Wünsche
Ich wünsche dir …
- dass der Weihnachtsmann zu dir kommt!
- tolle Weihnachtsgeschenke!
- schöne Weihnachtsferien!
- ganz viel Schnee an Heilig Abend!

Variante für jüngere Kinder
Die Kinder sitzen auf Kissen im Kreis, spreizen ihre Beine etwas und rollen sich die Kugel gegenseitig zu. Dabei teilen sie sich ihre guten Wünsche mit.

Stille Weihnachtsgrüße

Alter: ab 4 Jahren
Anzahl: ab 5 Kindern

Das folgende Spiel verläuft so ähnlich wie das altbekannte „Stille Post".

Die Kinder stehen im Kreis und schließen ihre Augen. Die Spielleitung geht im Außenkreis herum und tippt dabei ein beliebiges Kind an der Schulter, das sich nicht zu erkennen geben darf. Ist das geschehen, öffnen alle Kinder ihre Augen und die Spielleitung wählt ein weiteres Kind aus, dem sie einen Weihnachtsgruß ins Ohr flüstert, z. B.: „Ein frohes Fest!". Daraufhin geht das Kind auf irgendein anderes zu, um diesem den gehörten Satz ins Ohr zu flüstern. Es tauscht mit dem anderen Kind den Platz, das auf die gleiche Art die Weihnachtsgrüße einem weiteren Kind überbringt. Handelt es sich dabei um den letzten Empfänger bzw. das Kind, das die Spielleitung am Anfang stillschweigend ausgewählt hat, teilt das Kind das, was es gehört hat, laut mit.

Bommelmütze im Schneesturm

Alter: ab 5 Jahren
Anzahl: ab 5 Kindern
Material: 1 Weihnachtsmann-Mütze

Der Weihnachtsmann ist auf dem Weg zu den Kindern und gerät in einen heftigen Schneesturm, der so stark ist, dass seine Mütze weggeweht wird. Natürlich versucht er, seine Mütze wiederzubekommen …

Ein Kind spielt den Weihnachtsmann und stellt sich in die Stuhlkreismitte. Ein zweites Kind erhält die Mütze des Weihnachtsmanns, die es einem anderen Kind im Kreis zuwirft. Auf diese Weise fliegt die Mütze unaufhörlich hin und her, kreuz und quer im Kreis herum! Gelingt es dem Weihnachtsmann, seine Mütze zu schnappen? Unabhängig davon tauscht der Weihnachtsmann nach etwa zwei Minuten seinen Platz mit einem anderen Kind.

Variante
Der „Weihnachtsmann" versucht, das Kind zu berühren, das gerade die Mütze in Händen hält.

Was weißt du?

Alter: ab 6 Jahren
Anzahl: ab 6 Kindern, gerade Anzahl
Material: 1 Gymnastikreifen, für die Hälfte der Kinder jeweils 1 Mannschaftsband, jede Menge kleiner Dinge passend zur Adventszeit (Filzsterne, kleine Glöckchen, mit Goldspray besprühte Zapfen und Walnüsse)

Die Kinder holen sich einen Gymnastikreifen und bilden zwei gleich große Gruppen. Um die Gruppen voneinander zu unterscheiden, bekommen die Kinder der einen Gruppe jeweils ein Mannschaftsband. Alle Kinder bilden einen Stuhlkreis um den Reifen herum, wobei die Kinder, die zu einer Gruppe gehören, nicht nebeneinander sitzen müssen. Ein Kind aus der ersten Gruppe geht in die Mitte und stellt der zweiten Gruppe eine Frage rund um den Advent, z. B.: „Was fällt euch zum Nikolaus ein?" Dann stellt es den Reifen auf und versetzt ihn in eine Drehbewegung, so dass er kreiselt. Die gefragten Kinder versuchen, so schnell wie möglich die Frage zu beantworten. Sie rufen z. B.: „Er ist ein Bischof. Er kommt am 6. Dezember zu den Kindern. Er füllt die Stiefel mit Äpfeln, Nüssen und Schokolade!" Das geht so lange, bis der Reifen regungslos auf dem Boden liegen bleibt. Für jede richtige Antwort erhalten die betreffenden Kinder etwas Adventliches für ihre Gruppe von der Spielleitung, die im Innenkreis steht. Anschließend geht ein Kind aus der zweiten Gruppe in die Kreismitte, um das Spiel mit einer neuen Frage zu wiederholen. Dabei kann es die Kinder aus der ersten Gruppe z. B. fragen: „Was fällt euch zum Adventskranz ein?“ Sind alle Dinge zwischen den beiden Gruppen verteilt, zählen die beiden Gruppen ihre Kostbarkeiten. Danach kann ein Kind aus der „Sieger-Gruppe“ das Spiel mit dem Reifen von vorne beginnen.

Welches Naschkätzchen mag die Plätzchen?

Alter: ab 4 Jahren
Anzahl: ab 8 Kindern
Material: 1 Augenbinde, Weihnachtsgebäck

Bis auf ein Kind, das sich in die Kreismitte stellt, stehen alle Kinder hintereinander in einem großzügigen Kreis und grätschen ihre Beine. Dem Kind in der Mitte verbindet die Spielleitung die Augen. Dann blinzelt sie ein beliebiges Kind an, das daraufhin so tut, als ob es vom Weihnachtsgebäck naschen würde. Das Kind in der Kreismitte versucht, in die Richtung des betreffenden Kindes zu deuten. Trifft es und bestätigt das Kind die Vermutung, indem es „Ich bin ertappt!“ ruft, nimmt das Kind in der Kreismitte so schnell wie möglich die Augenbinde ab und verfolgt das „Naschkätzchen“, das rasch unter den Beinen der anderen Kinder hindurch krabbelt. Kann das Kind dem „Naschkätzchen“ hinterher krabbeln und es erwischen?
Befindet sich das „Naschkätzchen“ jedoch wieder auf seinem Ausgangsplatz, darf es nicht mehr gefangen werden. Am Ende erhalten beide Kinder ein Plätzchen!

Tannenbäume schmücken

Alter: ab 3 Jahren
Anzahl: ab 6 Kindern
Material: 1 Weihnachtsmannglocke, Weihnachtsschmuck (Lametta, kleine Weihnachtsanhänger aus Filz, Papier oder Holz)

Bei diesem heiteren Spiel werden die Motorik und der Gleichgewichtssinn trainiert. Zudem lernen die Kinder ohne großes Zutun unterschiedliche Sachen kennen, die sich als Weihnachtsschmuck eignen.

Die Spielleitung wählt zwei bis drei Kinder aus, die Tannenbäume spielen und sich in die Kreismitte stellen. Dazu nehmen sie einen festen Stand ein, indem sie leicht in die Hocke gehen und ihre Beine etwas grätschen. Ihre Arme halten sie waagrecht ausgestreckt. Die Spielleitung legt für jedes Kind einen Weihnachtsschmuck in die Kreismitte. Sobald sie einmal kurz und kräftig mit der Glocke läutet, dürfen sich die Kinder nacheinander etwas nehmen und die „Tannenbäume“ schmücken. Sie hängen den Weihnachtsschmuck z. B. an die Ohren, an die Finger und Arme. Das Lametta legen sie auf den Kopf oder auf die Füße. Erst wenn alle Sachen verteilt sind, ist das Spiel beendet. Sollte jedoch etwas auf den Boden fallen, fängt das Spiel mit zwei bis drei neuen „Tannenbäumen“ wieder von vorne an.

Bis zum Weihnachtsmarkt

Alter: ab 5 Jahren
Anzahl: ab 12 Kindern
Material: 1 Gymnastikreifen

Die Kinder bilden einen Kreis und legen in dessen Mitte einen Gymnastikreifen, der den Weihnachtsmarkt darstellt. Ein Kind stellt sich direkt neben den Reifen, schaut sich in der Runde um und sagt z. B.: „... (Name eines Kindes einsetzen), bitte komm zum Weihnachtsmarkt!" Daraufhin fragt das ausgewählte Kind: „Wie komme ich zum Weihnachtsmarkt?" Das Kind überlegt sich einen Weg und sagt z. B.: „Indem du im Slalom um die einzelnen Kindern herum bis zu deinem Ausgangsplatz läufst und dann in Richtung Markt hüpfst." Das Kind befolgt die Anweisung und wechselt dann mit dem Kind in der Kreismitte den Platz. In der Kreismitte sucht es sich ein anderes Kind aus, das z. B. im Innenkreis nacheinander die einzelnen Kinder mit beiden Händen abklatschen und schließlich mit Riesenschritten in Richtung „Weihnachtsmarkt" gehen darf.

Bist du der Nussknacker?

Alter: ab 4 Jahren
Anzahl: ab 6 Kindern
Material: 1 Augenbinde, 1 Nussknacker, pro Kind 1 Sitzkissen

Die Kinder bilden einen Kreis und setzen sich auf Kissen. Die Spielleitung wählt ein beliebiges Kind aus, das sich in die Kreismitte stellt und seine Augen verbinden lässt. Danach holt sie einen Nussknacker, den sie stillschweigend einem Kind im Kreis übergibt. Ist der Nussknacker vergeben, darf das Kind in der Mitte sich vom Platz aus auf die Suche danach machen. Dabei deutet es auf irgendein Kind und fragt: „Bist du der Nussknacker?" Ruft das Kind „Nein!", setzt es die Suche fort. Wird die Frage bejaht, versucht das Kind auf das betreffende Kind zuzukrabbeln, das hin und wieder den Nussknacker bedient und dabei die typischen Nussknackergeräusche macht, welche die Suche erleichtern. Sobald das Kind die Füße des gesuchten Kindes berührt und somit den „Nussknacker" findet, rufen alle Kinder laut: „Da ist der Nussknacker!" Daraufhin nimmt es die Augenbinde ab und übergibt sie einem anderen Kind.

Folge dem Stern

Alter: ab 6 Jahren
Anzahl: ab 12 Kindern
Material: 1 Fangstern (s. S. 8) oder 1 Softball mit aufgeklebten Sternen

So wie die Hirten dem Stern von Bethlehem folgten, gehen jetzt zwei Kinder dem Stern möglichst schnell hinterher.

Alle Kinder bis auf zwei bilden einen großzügigen Kreis. Die beiden Kinder stellen sich nicht zu nahe beieinander, jedoch direkt hinter jeweils ein Kind, das auf der Kreisbahn steht. Dann übergibt die Spielleitung einem weiteren Kind den Fangstern. Nun warten die Kinder gespannt ab, bis die Spielleitung „Folgt dem Stern!" ruft. Während sich die Kinder den Fangstern gegenseitig zuwerfen, versuchen die beiden Kinder, möglichst schnell ein Kind zu berühren, das gerade den Fangstern in Händen hält. Falls das gelingt, tauschen die beiden Kinder ihre Plätze miteinander, und das Spiel wird fortgesetzt.

Nikolaus(-spiele) im Wald

Den Nikolaustag feiern

Meistens können es die Kinder kaum erwarten, bis der Nikolaus kommt. Allerdings bleibt es stets spannend, ob der Nikolaus tatsächlich erscheint. Manchmal kommt er als ein Anklopfer, den die Kinder gar nicht zu Gesicht bekommen, oder er tritt fälschlicherweise in der Gestalt des Weihnachtsmanns auf, der in der Vorweihnachtszeit häufig (z. B. in der Werbung) zu sehen ist und eigentlich als englischstämmiger Santa Claus mit seinem Rentier-Schlitten durch die Lüfte fliegt und die Kinder erst am 25. Dezember beschert.
Unabhängig von seiner äußeren Erscheinung geht es hier aber um die Verkörperung des Hl. Nikolaus (s. S. 15), und der kann am Nikolaustag natürlich auch in den Außenräumen gefeiert werden. So ist eine Begegnung mit dem Nikolaus in einem nahe gelegenen Waldstück, die heimlich geplant und organisiert wird, für die Kinder etwas ganz Besonderes und eine riesengroße Überraschung zugleich.
Damit er auch wie der richtige Nikolaus aussieht, braucht er einen langen weißen Lockenbart und ein Bischofsgewand aus rotem Samt, das aus einem weißen Unterkleid aus Spitzen bestehen kann. Zudem benötigt er einen roten Samtumhang, evtl. mit Schal, einen Bischofsstab, eine Mitra bzw. Bischofsmütze und ein goldenes Buch, aus dem im Übrigen auch viele Weihnachtsmänner gerne vorlesen. In diesem Buch sollten jedoch nur gute Dinge über die einzelnen Kinder stehen!

Vor dem Fest

Wer die Kinder gerne mit einer Nikolausfeier im Wald überraschen möchte, richtet das Einladungsschreiben an die Eltern. Kinder, die schon lesen können, erhalten das Schreiben in einem verschlossenen Briefumschlag für die Eltern. Der Hinweis „Elterninformation" auf dem Briefumschlag macht klar, dass es sich um ein allgemeines Schreiben handelt.
Weitere Vorbereitungen entnehmen Sie bitte den einzelnen Stationen.

Liebe Eltern,
am 06. Dezember sind wohl alle Kinder gespannt, ob der Nikolaus zu ihnen kommt.
Aus diesem Grund wollen wir am Nikolaustag während der Kindergarten-öffnungszeit eine **Nikolausfeier im Wald** veranstalten, die jedoch für die Kinder eine Überraschung sein soll. Wir möchten Sie bitten, dass Sie Ihr Kind lediglich über den Waldtag informieren. Sie können jedoch gerne die Neugierde und Vorfreude Ihres Kindes steigern, indem sie erzählen, dass an diesem besonderen Tag der Nikolaus im Wald unterwegs sein kann. Dadurch, dass der Nikolaus in der Regel unglaublich viel zu tun hat, können wir nur hoffen, dass wir ihm zufällig über den Weg laufen.
Und wie wird die Nikolausfeier ablaufen?
Im Wald angekommen, werden wir uns auf die Suche nach dem Nikolaus machen, den eine für die Kinder unbekannte Person spielt. Zunächst sollen die Kinder jedoch zuerst ein paar Stationen durchlaufen, bei denen sie ganz viel über den guten alten Nikolaus erfahren.
Vielleicht haben Sie an diesem Vormittag etwas Zeit und können uns beim Aufbau der einzelnen Stationen im Wald helfen. Wir würden uns sehr freuen, wenn sich ein paar Eltern in den nächsten Tagen bei uns melden würden.
Und noch etwas: Leider wissen wir nicht, ob es an diesem Tag schneien, regnen oder gar stürmen wird. Aus diesem Grund braucht Ihr Kind wetterfeste und warme Kleidung sowie festes Schuhwerk. Zudem benötigen die Kinder ein gesundes Pausenbrot, Obst oder Gemüse in einer Dose und einen warmen durstlöschenden Tee in einer bruchsicheren Thermoskanne. Damit die Kinder aktiv mitmachen können, sollte der Proviant in einem kleinen Rucksack gut verstaut werden.
Nun hoffen wir auf einen ereignisreichen und tollen Nikolaustag im Wald, auf den wir uns bereits heute riesig freuen!
Wir wünschen Ihnen und Ihrer Familie einen schönen 1. Advent!

Ihr Kindergartenteam

Tipp: Ist der 6. Dezember an einem Wochenende, kann natürlich auch die Nikolausfeier gemeinsam mit allen Eltern und Geschwisterkindern durchgeführt werden. Dann sollte sich im Nikolaussack auch die eine oder andere Kleinigkeit für die Geschwisterkinder befinden.

Geschenke vom Nikolaus

Kleine Jute- oder Stoffsäckchen, die zusammengebunden werden können, sind hervorragend geeignet, um darin z. B. Äpfel, Mandarinen, Nüsse, Adventsgebäck und Lebkuchen aufzubewahren.

Wer auf die köstlichen Leckereien lieber verzichten möchte, kann z. B. für jedes Kind ein Nikolausschiffchen basteln.

Nikolausschiffchen basteln

Material: Schere, Klebstoff, Klebestreifen, pro Kind 1 in Klarsichtfolie verpackte Knetmasse (rechteckige Form), 1 Schaschlikspieß, 1 quadratisches Faltpapier (10 × 10 cm)

Der Brauch, aus Papier oder anderen Materialien ein Schiffchen zu basteln, in das der Nikolaus seine Gaben legt, geht bis ins 15. Jahrhundert zurück. Die Legende besagt, dass zu der Zeit, als Nikolaus Bischof von Myra war, einige Seeleute mit ihrem Schiff im Mittelmeer in einen furchtbaren Sturm geraten sind. Die Seeleute dachten in ihrer Not an den Heiligen und baten ihn um Hilfe. Plötzlich stand Nikolaus am Steuer des Schiffes und brachte die Seeleute sicher ans Ufer. Sie wollten Gott in Myra für die Rettung danken und trauten ihren Augen kaum, als Nikolaus, der

sie und ihr Schiff in der Nacht gerettet hatte, gerade eine heilige Messe feierte. Sie dankten ihm von ganzem Herzen. Nikolaus wollte jedoch keinen Dank, sondern dass sie sich an die Geschichte von Jesus, dem sogar der Sturm auf dem See gehorchte, erinnerten. Bis zum heutigen Tag ist der Nikolaus der Schutzpatron der Seeleute.

Auf einem Rand des Faltpapiers etwas Klebstoff anbringen. Den Rand, auf dem der Klebstoff haftet, um ein Ende des Spießes wickeln. Das umwickelte Papier am Spieß andrücken und gegebenenfalls mit einem Klebestreifen am Spieß befestigen. Das restliche Papier steht wie eine Fahne ab. Den Mast bzw. das andere Ende des Spießes in die Mitte der Knetmasse stecken. Fertig ist das Schiffchen!

Das goldene Buch basteln

Material: 1 Schere, Klebstoff, 1 Heft (DIN A4), 1 Rolle Gold-Folie (beidseitig gold)

Die Spielleitung bindet das Heft mit der goldenen Folie ein, dessen Ecken sie mit etwas Klebstoff am Heft befestigt. Auf die erste Seite schreibt sie den Text (s. S. 50), welcher der „Nikolaus“ den Kindern vorlesen kann. Auf die zweite Seite schreibt sie die Vornamen der einzelnen Kinder am besten nach dem Alter (die Jüngsten zuerst) oder Alphabet auf. Das kann für den „Nikolaus“ sehr hilfreich sein.

Was wir für das Fest brauchen

Für die Nikolausfeier im Wald, zu der die Kinder gemeinsam marschieren, werden mindestens zwei Betreuerinnen pro Kindergartengruppe benötigt. Zudem werden diverse Utensilien gebraucht, die in einem Bollerwagen transportiert werden können.

Eine Checkliste, die ein paar Tagen vor der Nikolausfeier erstellt wird, ist hierbei besonders hilfreich. Auf der Liste können folgende Dinge stehen:

- Handy für den Notfall,
- Erste-Hilfe-Tasche,
- eine Decke,
- Liste mit den Adressen und Rufnummern der einzelnen Kinder,
- evtl. Medikamente der Kinder,
- Wechselwäsche,
- Papiertaschentücher,
- zwei bis drei Thermoskannen mit warmem Tee,
- diverse Materialien für die einzelnen Spielangebote im Wald (s. Stationen).

Kurz vor dem Fest

Zwei bis drei Erwachsene bringen die benötigten Materialien zu den jeweiligen Stationen (s. u.).

Das Fest beginnt

Warm verpackt, machen die Kinder gemeinsam mit ihren BetreuerInnen eine kleine Wanderung zu einem nahe gelegenen Waldstück. Am Waldrand angekommen, erzählt die Spielleitung den Kindern, dass sie vor einem Jahr den Nikolaus hier in diesem Wald gesehen hat. Mit etwas Glück können vielleicht die Kinder selbst dem Nikolaus im Wald begegnen. Aus diesem Grund wird zwischen den einzelnen Stationen auch immer wieder ein Stopp eingelegt, um nach dem Nikolaus in aller Ruhe Ausschau zu halten und zu rufen.

Spielideen für die einzelnen Stationen

Es gibt sechs bis acht Stationen, die nicht zu weit voneinander entfernt sein sollten und folgendermaßen aussehen können.

1. Station: „Ein Nikolausgesicht gestalten"

Material: unterschiedliche Naturmaterialien aus dem Wald (z. B. kleine Steine, Moos, Stöcke und Zweige)

Die Kinder beraten gemeinsam, wie wohl der Nikolaus aussehen könnte. Sie sammeln unterschiedliche Naturmaterialien wie kleine Steine, etwas Moos, kleine Stöcke und Zweige, und gestalten ein Nikolausgesicht.

2. Station: „Stiefel füllen"

Material: 1 Winterstiefel und doppelt so viele Walnüsse wie Kinder, 1 Eieruhr

Viele Kinder putzen am Vorabend des Nikolaustags ihre Stiefel und stellen sie bei sich zu Hause vor die Türe in der Hoffnung, dass der Nikolaus sie über Nacht füllt. Das ist ein schöner alter Brauch, den auch so manches „große" Kind bestimmt noch mag.

Vorbereitung
In einem überschaubaren Spielfeld verstecken ein bis zwei Erwachsene die Walnüsse, lange bevor die Kinder eintreffen.

Spielverlauf
Die Kinder erzählen der Reihe nach, was sie am Vorabend des Nikolaustages machen. Anschließend versuchen sie, so wie der „Nikolaus" den dafür bereit gestellten Winterstiefel zu füllen. Das ist jedoch in diesem Fall gar nicht ganz so einfach, denn die Gaben bzw. Walnüsse liegen gut versteckt in einem begrenzten Spielfeld. Schaffen es die Kinder innerhalb einer bestimmten Zeit bzw. bevor die Eieruhr klingt, jeweils eine Nuss in den Stiefel zu stecken? Falls ja, erhält jedes Kind zur Belohung eine Walnuss aus dem Stiefel! Ansonsten gibt es die Nüsse eben erst zu einem späteren Zeitpunkt!

3. Station: Die Seenot (Nikolauslegende)

Material: pro Kinderpaar 1 Augenbinde

Die Spielleitung erzählt den Kindern die Legende über die Seenot (s. S. 42, „Nikolausschiffchen"), die sie folgendermaßen nachspielen:

4. Station: Singen und Musizieren

Material: kleine Stöcke, Baumrinde, Zapfen

Die Kinder gehen zu zweit zusammen. Das erste Kind lässt sich die Augen verbinden und spielt das Schiff. Das zweite Kind stellt den Nikolaus dar, der das Schiff sicher in den Hafen geleitet. Bevor das jedoch geschieht, rufen die betreffenden Kinder laut: „Nikolaus, hilf uns!" Daraufhin führen sie ihr Partnerkind vorsichtig zu einem Hafen bzw. einem Baum. Dort angekommen, sind die „Seeleute" gerettet und dürfen ihre Augenbinde abnehmen. Anschließend tauschen die Kinder ihre Rollen miteinander und wiederholen das Spiel.

Die Kinder bilden drei gleich große Gruppen. Jedes Kind aus der ersten Gruppe sucht jeweils zwei kleine Stöcke. Die Kinder aus der zweiten Gruppe benötigen jeweils einen kleinen Stock und ein Stück Baumrinde. Alle übrigen holen sich jeweils einen kleinen Stock und einen Zapfen. Anschließend bilden alle Kinder einen Kreis und zwar so, dass sich die Kinder der verschiedenen Gruppen auf der Kreisbahn abwechseln.
Die Spielleitung holt sich die gleichen „Instrumente", die in der Gruppe vertreten sind, und stellt sich in die Kreismitte. Erfolgt das Kommando durch die Spielleitung, fangen

alle Kinder an, ein bekanntes Nikolauslied, z. B. „Lasst uns froh und munter sein“, zu singen. Die Spielleitung dirigiert das „Orchester“, indem sie z. B. im Takt die beiden Stöcke gegeneinander schlägt und dabei alle Kinder, die ebenfalls zwei Stöcke in Händen halten, zum Mitmachen einlädt. Das geht so lange, bis die Spielleitung die beiden Stöcke weglegt, um z. B. im Takt ein Stöckchen auf dem Zapfen hin und her zu reiben oder mit einem Stöckchen gegen die Baumrinde zu schlagen. Daraufhin dürfen die Kinder mit den gleichen „Instrumenten“ das Lied ebenfalls rhythmisch begleiten.

Gelingt das Zusammenspiel der einzelnen Gruppen, bittet die Spielleitung immer diejenigen Kinder miteinander das Lied rhythmisch zu begleiten, von deren „Instrumenten“ sie eines zeigt. Damit alle Kinder gleichzeitig und schnell ihr „Instrument“ zum Einsatz bringen können, vereinbart sie mit den Kindern ein Handzeichen, indem sie z. B. beide Arme gut sichtbar in die Luft hält.

Lasst uns froh und munter sein

Text und Melodie: Josef Annegarn (1794-1843)

1. Lasst uns froh und munter sein und uns recht von Herzen freuen. Lustig, lustig, traleralera! Bald ist Nikolausabend da! Bald ist Nikolausabend da.

2. Dann stell ich den Teller auf, Niklaus legt gewiss was drauf. Lustig, lustig ...

3. Wenn ich schlaf, dann träume ich, jetzt bringt Niklaus was für mich. Lustig, lustig ...

4. Wenn ich aufgestanden bin, lauf ich schnell zum Teller hin.
Lustig, lustig ...

5. Niklaus ist ein guter Mann, dem man nicht g'nug danken kann. Lustig, lustig ...

5. Station: „Das Kornwunder" (Nikolauslegende)

Material: 1 kleine Wanne (Plastik), 1 kleiner Sack Vogelkörner

Die Kinder bilden einen Kreis. Die Spielleitung stellt eine kleine Wanne zwischen zwei Kinder, in der sich ein kleiner Sack Vogelkörner befindet. Dann erzählt sie den Kindern, dass es vor langer Zeit in Myra eine fürchterliche Hungersnot gab. Nikolaus wollte den Menschen helfen und veranlasste, dass ein Kapitän des Kaisers sein mit Korn beladenes Schiff an die Hungernden verteilen ließ.
Die Kinder spielen die Legende nach. Das Kind, das links neben dem Schiff (Wanne) steht, holt die Kornladung (Säckchen mit Vogelkörner) aus dem Schiff, und reicht sie nach links weiter. Jedes Kind gibt vor, es würde von dem Säckchen etwas für sich nehmen. Das Säckchen wird so lange von Hand zu Hand gereicht, bis es das Kind, das rechts neben der Wanne steht, erreicht hat. Während nun dieses Kind das Säckchen wieder in die Wanne legt, erzählt die Spielleitung, dass die Ladung des Schiffes nicht geringer wurde. Denn als die Ladung im Kaiserhof ankam, fehlte kein einziges Korn!

6. Station: „Der Esel des Nikolaus"

Material: etwas Heu

Vorbereitung
In einem begrenzten Spielfeld verstecken die Personen, die für die Station zuständig sind, vor dem Eintreffen der ersten Kinder etwas Heu auf dem Waldboden.

Spielverlauf
Die Spielleitung erzählt den Kindern, dass der Nikolaus jedes Jahr seinen grauen Esel belädt, um die Kinder zu beschenken. Mit all den schönen Dingen machen sie sich auf den Weg zu den Kindern. Damit der Esel sich zwischendurch stärken kann, machen beide hin und wieder Rast. Die Kinder versuchen, einen Blick auf Nikolaus und seinen Esel zu erhaschen, indem sie sich auf die Suche nach der Futterstelle bzw. dem restlichen Heu machen.

7. Station: „Dem Nikolaus auf der Spur"

Material: 1 Paar möglichst große Herren-Winterstiefel

Vorbereitung
Eine Person, die für die Station zuständig ist, zieht die großen Stiefel an und geht auf dem lehmigen oder mit frischem Schnee bedeckten Waldboden, um ein paar Abdrücke zu machen. Die Stiefel zieht die Person wieder aus und legt diese zur Seite, so dass die Kinder sie nicht sehen können. Inzwischen macht auch der „Nikolaus" sich auf den Weg zur Station 8.

Spielverlauf
Die Spielleitung teilt den Kindern mit, dass der Nikolaus jedes Jahr mit seinen großen Stiefeln durch diesen Wald stapft. Können die Kinder ein paar große Fußabdrücke entdecken? Damit das gut gelingt, deutet die Spielleitung auf die Richtung, aus die der „Nikolaus" angeblich jedes Jahr kommt.

8. Station: „Am 6. Dezember ist Nikolaustag!"

Die Spielleitung fragt die Kinder, ob sie wissen, am wievielten Dezember der Nikolaustag gefeiert wird. Die Kinder rufen ihre Vermutungen wild in die Runde. Wurde der 6. Dezember genannt, dürfen die einzelnen Kinder sich auf die Suche nach sechs unterschiedlichen Naturmaterialien machen. Konnten alle Kinder die Aufgabe gut erfüllen, legen sie gemeinsam einen Gabenteller bzw. einen großen Kreis aus Naturmaterialien, um den sie sich herumstellen. Während die Kinder miteinander noch einmal das Lied „Lasst uns froh und munter sein" (s. S. 47) singen, kommt als Überraschung direkt aus dem Wald der „Nikolaus", der ihnen freundlich zuwinkt und sich schließlich in den Innenkreis stellt.

Auftritt des Nikolaus

Der „Nikolaus“ lobt die Kinder für ihren Gesang und begrüßt sie herzlich. Danach schlägt er sein goldenes Buch auf und liest den folgenden Text vor:

„Hallo! Ich bin der Nikolaus
und komme aus dem Wald.
Ich muss euch sagen,
es ist schon ganz schön kalt.
Von ganz weit komme ich her.
Bei euch zu sein, freut mich sehr!
Den schweren Sack musste ich tragen.
Ich will jedoch nicht darüber klagen.
Ich möchte euch eine Freude machen.
Im Sack sind viele schöne Sachen!

Zuvor möchte ich euch etwas fragen:
Könnt ihr mir ein Gedicht aufsagen?“

Die Kinder sagen miteinander ein Nikolausgedicht auf, z. B. das altbekannte Lied „Holler, boller, Rumpelsack“ von Albert Sergel:

1. Holler, boller Rumpelsack,
Niklas trug sie huckepack.
Weihnachtsnüsse gelb und braun,
runzlig, punzlig anzuschaun.

2. Knackt die Schale, springt der Kern,
Weihnachtsnüsse ess' ich gern.
Komm bald wieder in dies' Haus,
alter, guter Nikolaus.

Nikolaus sagt nun weiter:
„Zum Vortragen eines Gedichts
bedarf es viel Mut.
Ich muss euch sagen,
das Gedicht war sehr gut.
Ich wünsche mir,
dass ihr euch weiter gut versteht.
Auch hoffe ich, dass der Nikolaustag
nicht so schnell vergeht.
Zum Schluss bekommt
ein jedes Kind eine kleine Gabe.
Hört gut zu, welchen Vornamen
ich gleich laut sage."

Der Nikolaus schaut auf die Namensliste im goldenen Buch und bittet die Kinder, nacheinander vorzutreten, um sich ein Geschenk abzuholen. Sollte es sich hierbei um das Nikolausschiffchen aus Knetmasse handeln, erinnert die Spielleitung die Kinder daran, dass der Nikolaus sowohl der Schutzpatron der Kinder als auch der Seeleute ist.
Sobald alle Kinder ein kleines Geschenk in den Händen halten und wieder beisammen vor dem Kreis aus Naturmaterialien stehen, verabschiedet sich der Nikolaus von den Kindern und sagt: „Ich wünsche euch eine schöne Advents- und Weihnachtszeit. Und hoffe, dass es zum Fest besonders viel schneit!" Danach winkt er und kehrt in den Wald zurück. Währenddessen können die Kinder den Wunsch des Nikolaus nach einer weißen Weihnacht bekräftigen, indem sie das altbekannte Lied „Schneeflöckchen, Weißröckchen" (s. S. 52) miteinander singen und pantomimisch vom Platz aus darstellen.

Schneeflöckchen, Weißröckchen

Text: Hedwig Haberkern (1837-1902),
Melodie: volkstümlich

1. Schneeflöckchen, Weißröckchen,
wann kommst du geschneit?
Du wohnst in den Wolken,
dein Weg ist so weit.

2. Komm, setz dich ans Fenster,
du lieblicher Stern,
malst Blumen und Blätter,
wir haben dich gern.

3. Schneeflöckchen, du deckst uns
die Blümelein zu,
dann schlafen sie sicher
in himmlischer Ruh.

Bewegungsideen zu den einzelnen Strophen

1. Strophe: Die Kinder heben beide Arme senkrecht über den Kopf und führen sie langsam seitlich zum Körper. Dabei lassen sie ihre Finger unaufhörlich auf und ab zappeln.

2. Strophe: Sie zeichnen mit dem Zeigefinger einen Fensterrahmen in die Luft und deuten auf irgendein Kind, das sie gerade sehen. Dann malen sie Blumen und Blätter in die Luft.

3. Strophe: Sie machen mit der rechten Hand eine Faust und halten die linke ein paar Zentimeter darüber. Anschließend führen sie ihre beiden Hände zusammen, neigen ihren Kopf leicht zur rechten Seite und lassen ihn auf dem linken Handrücken ruhen.

Adventsmemory, Stern-Quartett & Co.

Tisch-, Brett- und Kartenspiele im Advent

Wenn die Tage kürzer und grauer werden und die Abende länger, finden Tisch-, Brett- und Kartenspiele in der Familie und unter Freunden großen Anklang. Die Kinder genießen es, in der warmen Stube und vielleicht sogar bei hellem Kerzenschein und einer wohltuenden Tasse Tee das eine oder andere Gesellschaftsspiel miteinander auszuprobieren.
Es gibt nicht so viele Spiele, die Jung und Alt gleichermaßen begeistern. Gerade aber Tisch-, Brett- und Kartenspiele gehören zweifellos dazu. Sie sind unterhaltsam, kurzweilig und fördern die Kommunikation. In gemütlicher Runde können alle miteinander lachen, sich Spielstrategien überlegen und versuchen, das Spiel zu gewinnen. Kaum ist es beendet, möchte so manches Kind am liebsten gleich eine Revanche, bei der es erneut zeigen kann, was in ihm steckt. Zudem gibt es Gesellschaftsspiele ohne Sieger und Verlierer, bei denen das gute Miteinander im Vordergrund steht.
Ganz egal, um welche Art von Spiel es sich letztendlich handelt, Kinder und Erwachsene lernen, sich füreinander Zeit zu nehmen und sich gemeinsam auf eine Sache einzulassen.
Die folgenden Gesellschaftsspiele, die sich mit dem Advent oder Winter beschäftigen, tragen zu einer vorweihnachtlichen und winterlichen Stimmung bei und stecken voller Überraschungen, bei denen die Kinder so ganz nebenbei vieles über die Advents- und Winterzeit erfahren.

Adventsmotiv in Teilen

Alter: ab 5 Jahren
Anzahl: ab 2 Kindern
Material: 1 weißes Blatt Papier (DIN A4), 1 schwarzer Filzstift, 1 Kopierer, Buntstifte und Scheren, pro Kleingruppe 1 Würfel

Vorbereitung
Die Spielleitung zeichnet ein Motiv auf ein weißes Blatt Papier, das zur Adventszeit passt. Das kann ein Nikolaus, ein Adventskranz oder ein Plätzchenteller sein. Sie kopiert für jedes Kind ihre Zeichnung.

Jedes Kind erhält eine Kopie mit dem Weihnachtsmotiv und malt dieses aus. Anschließend zerschneidet jedes Kind sein Bild in zwölf unterschiedlich große „Puzzleteile".

Spielverlauf
Bis zu sechs Kinder setzen sich mit ihren „Puzzleteilen" um jeweils einen Tisch herum. Jedes Kind legt seine Puzzleteile verdeckt vor sich hin und fängt an, die Teile zu mischen. Eines der Kinder holt sich einen Würfel und beginnt das Spiel. Je nachdem welche Punktzahl das Kind würfelt, nimmt es sich die entsprechende Anzahl an „Puzzleteilen" und versucht, sie zusammenzufügen. Dann kommt das Kind, das rechts daneben sitzt, an die Reihe und würfelt. Sobald ein Kind eine höhere Punktzahl als die Anzahl der vorhandenen Puzzleteile würfelt, setzt es eine Runde aus. Dasjenige Kind, das als erstes sein Puzzle fertigstellen konnte, hat gewonnen!

Warten im Advent

Alter: ab 5 Jahren
Anzahl: ab 2 Kindern
Material: pro Kleingruppe 1 weißer Tonkarton, je 1 schwarzer, grüner, roter und gelber Filzstift und 1 Würfel, pro Kind 1 Spielfigur und 4 Kerzen

Vorbereitung
Die Spielleitung malt nacheinander 28 Kreise in Schlangenlinie hintereinander auf den Tonkarton. Jeden siebten Kreis malt sie grün aus, das sollen die Adventskränze darstellen. Auf den ersten grün ausgemalten Kreis malt sie eine rote Kerze, auf den zweiten grünen Kreis zwei rote Kerzen usw.

Spielverlauf
Die Kinder stellen ihre Spielfiguren vor dem ersten Kreis nebeneinander auf. Ein Kind würfelt und darf je nach Augenzahl die entsprechende Anzahl an Kreisen mit seiner Spielfigur vorrücken. Dann kommt das nächste Kind an die Reihe. Dabei muss jedes Kind auf den ersten „Adventskranz" kommen, bevor es mit seiner Spielfigur weitergehen darf. Sollte ein Kind eine höhere Augenzahl würfeln und dabei den nächsten „Adventskranz" überspringen müssen, setzt es eine Runde aus und übergibt den Würfel seinem linken Nachbarn. Das Kind, das als erstes auf dem letzten „Adventskranz" steht, hat gewonnen!

Was ist das?

Alter: ab 4 Jahren
Anzahl: ab 8 Kindern
Material: 1 weißes Blatt Papier (DIN A4), Filzstifte, evtl. 1 Kopierer, 1 Schere, pro Gruppe 1 Briefumschlag und 1 Sanduhr (5 Minuten)

Vorbereitung

Die Spielleitung zeichnet vier unterschiedliche Bilder, z. B. einen Weihnachtsmann (s. S. 10), eine Adventskerze, einen Adventskranz und ein Pfefferkuchenhaus, und kopiert sie für die einzelnen Gruppen. Anschließend zerschneidet sie jedes Bild in zwölf Teile, die sie in jeweils einen Briefumschlag legt.

Spielverlauf

Die Kinder bilden Vierergruppen und erhalten jeweils einen Briefumschlag mit den Teilen eines bestimmten Bildmotivs. Die einzelnen Gruppen setzen sich an einen Tisch, legen ihre Briefumschläge direkt vor sich hin und holen eine Sanduhr. Sobald die Spielleitung die Sanduhr herumdreht und der Sand durchläuft, öffnen alle Gruppen ihre Briefumschläge und beginnen zu puzzlen. Gelingt es den einzelnen Gruppen, ihr Puzzle fertig zu stellen und ihr Bildmotiv zu benennen, bevor der Sand durchgelaufen ist?

Stern-Quartett

Alter: ab 4 Jahren
Anzahl: ab 2 Kindern
Material: 1 Laminiergerät, Laminierfolien, 1 weißer Fotokarton, 1 Memorykarte, 1 Bleistift, 1 Schere, Buntstifte

Vorbereitung

Die Spielleitung nimmt eine Memorykarte als Schablone, umrandet auf einem weißen Fotokarton für jedes Kind viermal die Karte und schneidet sie aus. Jedes Kind erhält vier Karten und sucht sich einen bestimmten Farbstift aus, mit dem es auf seinen vier Karten jeweils einen Stern entweder alleine oder mit Hilfe eines anderen Kindes malt. Die Spielleitung laminiert die bemalten Karten und schneidet sie aus.

Spielverlauf

Die Spielleitung mischt die Karten und teilt jedem Kind insgesamt vier Karten aus, die es verdeckt vor sich liegen lässt. Die Kinder erhalten die Aufgabe, immer vier Sterne in der gleichen Farbe zu finden, indem sie nacheinander eine ihrer vier Karten aufdecken. Das Kind, das als erstes ein Quartett mit vier gleichfarbigen Sternen auf dem Tisch erkennt, ruft laut: „Stern-Quartett!" Trifft die Aussage zu, darf es das Quartett zu sich nehmen. Danach werden das Aufdeckspiel und die Suche nach dem nächsten Quartett fortgesetzt. Erst wenn alle Karten beiseite gelegt worden sind, zählen die Kinder ihre gefundenen Quartette und ermitteln das Siegerkind.

Nikolaussack füllen

Alter: ab 4 Jahren
Anzahl: ab 2 Kindern
Material: 1 weißer Tonkarton (DIN A3), 1 Schere, 1 Klebestift, pro Gruppe 1 schwarzer Filzstift, Werbeprospekte mit Weihnachtsartikeln, 1 Würfel; evtl. 1 Uhr mit Sekundenzeiger

Vorbereitung

Die Spielleitung zeichnet einen großen leeren Nikolaussack auf den weißen Tonkarton, den die Kinder miteinander „füllen" dürfen. Dazu schneiden sie insgesamt vierundzwanzig Weihnachtsartikel aus den Prospekten aus. Dann holen sie sich einen Würfel und einen Klebestift.

Spielverlauf

Die Kinder würfeln reihum und nehmen sich je nach gewürfelter Augenzahl die entsprechende Anzahl an ausgeschnittenen Weihnachtsartikeln, die sie auf den aufgemalten Niklaussack kleben. Stehen irgendwann weniger „Artikel" als die gewürfelte Punktzahl zur Verfügung, darf das nächste Kind würfeln und sein Glück versuchen, bis alle Artikel aufgeklebt sind.

Variante für ältere Kinder

Gelingt es den Kindern, innerhalb einer bestimmten Zeit alle „Artikel" in den „Nikolaussack" zu „packen"?

Wo sind die goldenen Nüsse?

Alter: ab 4 Jahren
Anzahl: ab 2 Kindern
Material: für jeweils 4–6 Kinder
24 undurchsichtige Plastikbecher (z. B. Joghurtbecher), 12 kleine Walnüsse und 12 mit Goldspray besprühte Walnüsse

Vier bis sechs Kinder bilden eine Gruppe und erhalten jeweils zwölf Walnüsse und zwölf, die mit Goldspray besprüht sind. Sämtliche Nüsse verteilen sie auf dem Tisch und holen sich vierundzwanzig Plastikbecher, die sie über jeweils eine Nuss stülpen. Nun machen sie sich auf die Suche nach den goldenen Nüssen, indem sie nacheinander einen Becher hochheben und nachsehen, ob sich darunter eine goldene Nuss befindet. Die Becher, die umgedreht wurden, stapeln sie aufeinander. Die goldenen Nüsse, die sie gefunden haben, legen die Kinder beiseite. Sind alle Becher weg, zählen die Kinder ihre goldenen Nüsse zusammen. Welches Kind hat die meisten goldenen Nüsse ergattert?

Variante für ältere Kinder
Befindet sich keine goldene Nuss unter dem Becher, stellt das Kind den Becher wieder auf die Nuss. Hat ein Kind eine goldene Nuss gefunden, nimmt es die Nuss weg und dreht den Becher wieder um. Es darf unter einem weiteren Becher nachsehen. Wurden alle zwölf Nüsse gefunden, zählt jedes Kind seine Nüsse zusammen und alle ermitteln gemeinsam das Siegerkind!

Weihnachtsbaum schmücken

Alter: ab 3 Jahren
Anzahl: ab 2 Kindern
Material: 1 kleines Weihnachtsbäumchen für den Tisch, 24 weiße Zettel, Buntstifte, 12 kleine Sterne (z. B. aus Stroh) zum Aufhängen

Vorbereitung
Auf zwölf Zettel zeichnet die Spielleitung jeweils einen Stern, auf zwölf weitere jeweils eine geometrische Grundform (Kreis, Dreieck, Rechteck oder Quadrat) und verteilt alle Zettel verdeckt auf dem Tisch.

Spielverlauf
Die Spielleitung stellt einen kleinen Weihnachtsbaum auf die Tischmitte. Die Kinder holen sich die zwölf Sterne und legen sie auf den Tisch. Ein Kind beginnt, indem es ein Blatt umdreht. Ist darauf ein Strohstern zu erkennen, darf es einen der Sterne am Weihnachtsbaum anbringen. Das Kind, das links daneben sitzt, darf ein weiteres Blatt umdrehen und das Spiel fortsetzen. Schaffen es die Kinder, die zwölf Sterne zu finden, ohne dass sie alle Blätter umdrehen? Falls ja, haben sie viel Zeit gespart und den Weihnachtsbaum gemeinsam schnell geschmückt!

Variante für ältere Kinder
Das Spiel verläuft so wie oben beschrieben, nur dass die Kinder die Blätter, auf denen kein Stern zu sehen ist, nach dem Aufdecken wieder umdrehen. Die aufgedeckten Sterne nehmen sie weg. Sie messen die Zeit, die sie benötigen, bis alle zwölf Sterne am Weihnachtsbaum hängen. Anschließend wiederholen sie das Spiel und versuchen, jetzt noch schneller die Sterne zu finden und diese am Weihnachtsbaum anzubringen.

Sternenlauf

Alter: ab 4 Jahren
Anzahl: ab 2 Kindern
Material: 1 vergrößerte Kopie des Spielpans (DIN A3), 1 Kartonpapier (DIN A3), 1 Klebstift, pro Kind 1 gelber Farbstift, 1 dunkelblauer Tonkarton (DIN A5), 1 Spielfigur, pro Gruppe 1 Würfel; evtl. Wachsmalstifte

Vorbereitung
Die Spielleitung kopiert den Spielplan (DIN A3), klebt ihn zur Verstärkung auf Kartonpapier und malt jeden zweiten oder dritten Kreis mit gelber Farbe aus.

Spielverlauf
Die Kinder legen das „Spielbrett" in die Tischmitte und platzieren ihre Spielfigur auf den Zacken des Sterns, vor dem sie direkt sitzen. Jedes Kind erhält einen dunkelblauen Tonkarton und einen gelben Buntstift.
Ein beliebiges Kind würfelt und darf je nach gewürfelter Augenzahl mit seiner Spielfigur auf den einzelnen Kreisen im Uhrzeigersinn vorrücken. Gelangt es hierbei auf einen gelben Kreis, darf es sich einen gelben Stern auf sein dunkelblaues Tonpapier malen. Anschließend übergibt es den Würfel seinem rechten Nachbarskind, welches die Aktion fortsetzt und würfelt. Das Spiel wird auf diese Art so lange weitergeführt, bis alle Kinder wieder auf ihrem Zacken stehen. Am Ende zählen die Kinder ihre aufgemal-

ten Sterne. Das Kind mit den meisten Sternen hat den Sternenlauf gewonnen! Am Ende können die Kinder den Stern auf dem „Spielbrett“ mit Wachsmalstiften ausmalen und weitere Sterne oder etwas anderes passend zum Advent dazumalen.

Schneller Weihnachtseinkauf

Alter: ab 5 Jahren
Anzahl: ab 2 Kindern
Material: 1 Sanduhr (5 Minuten), 2 Würfel, 12 unterschiedliche weihnachtliche Dinge (z. B. 1 Strohstern, 1 Kerze, 1 Glöckchen, 1 Herzchen, 1 kleiner Fisch, 1 kleiner Engel, 1 kleiner Weihnachtsmann, 1 Plätzchenform etc.)

Es ist kurz vor Ladenschluss und die Kinder wollen noch schnell ihre Weihnachtseinkäufe erledigen. Gelingt das, bevor die Geschäfte schließen? Ein Wettlauf mit der Zeit beginnt!

Die Kinder legen zwölf Sachen auf einen Tisch, holen sich zwei Würfel und setzen sich um den Tisch herum. Zwei Kinder erhalten jeweils einen Würfel und dürfen, sobald die Sanduhr einmal herumgedreht wurde und der Sand durchlaufen kann, gleichzeitig würfeln. Die Kinder zählen die gewürfelten Punktzahlen zusammen und vergleichen das Ergebnis mit der Anzahl der Sachen, die auf dem Tisch liegen. Ergibt die Summe zwölf, kann die Gruppe alle Dinge rechtzeitig „einkaufen". Falls nicht, geben die Kinder die Würfel zwei weiteren Kindern. Das geht so lange, bis die Weihnachtseinkäufe erledigt oder der Sand durchgelaufen ist.

Nüsse in die Säckchen!

Alter: ab 5 Jahren
Anzahl: ab 2 Kindern
Material: pro Kind 1 kleines Stoffsäckchen und 1 Würfel, 24 Walnüsse, 1 Würfel

Wer von den Kindern kann dem Nikolaus helfen und die Säckchen für die Kinder möglichst prall mit leckeren Walnüssen füllen?

Immer zwei bis vier Kinder verteilen vierundzwanzig Walnüsse auf einem Tisch, um den sie sich herumsetzen. Die Spielleitung gibt jedem Kind ein Stoffsäckchen und einen Würfel. Dann fangen die Kinder das Spiel gemeinsam an, indem sie gleichzeitig würfeln. Sie vergleichen die Augenzahlen miteinander. Das Kind mit der höchsten Augenzahl darf eine Nuss in sein Säckchen geben. Danach wiederholen die Kinder das Spiel. Erst wenn sich alle Nüsse in den Säckchen befinden, darf jedes Kind seine Nüsse aus dem Säckchen herausholen und zählen. Wer konnte die meisten Nüsse ergattern und somit sein Säckchen am besten füllen? Zum Schluss werden alle Nüsse gerecht verteilt, geknackt und verspeist.

L wie Lebkuchen

Alter: ab 5 Jahren
Anzahl: ab 2 Kindern
Material: Scheren, 1 großer Adventsteller (aus Porzellan oder Pappe), Werbeprospekte (auf denen z. B. Orangen, Äpfel, Nüssen, Gewürzkuchen, Schokoladenweihnachtsmänner, Lebkuchen und Zimtsterne abgebildet sind), 1 Bogen rotes oder grünes Tonpapier (DIN A3), Klebstoff

Vorbereitung
Jedes Kind holt sich einen Werbeprospekt und schneidet insgesamt acht Köstlichkeiten passend zur Adventszeit aus.

Spielverlauf
Jeweils vier Kinder setzen sich um einen Tisch herum, auf dessen Mitte die Spielleitung einen großen Adventsteller und direkt daneben die Motiven der Leckereien legt. Die Spielleitung beginnt das Spiel, indem sie den Anlaut einer abgebildeten Leckerei benennt. Dabei achtet sie darauf, dass sie genau den Anlaut, also z. B. „g" und nicht „ge", ausspricht. Das Kind, das als erstes die gesuchte Köstlichkeit benennen kann, darf das entsprechende Bildmotiv auf den Adventsteller legen und dann ein weiteres Kind aufrufen, das den Anlaut einer weiteren Köstlichkeit benennt. Sind alle Leckereien auf dem Teller, kleben die Kinder die einzelnen Bilder auf ein großes rotes oder grünes Tonpapier, so dass eine Collage entsteht.

Komm zum Weihnachtsbaum

Alter: ab 3 Jahren
Anzahl: ab 2 Kindern
Material: 1 Farbwürfel, 1 kleines Bäumchen, 1 kleiner selbstklebender Stern für die Baumkrone, pro Kind 1 Spielfigur und 6 Notizblätter in den jeweiligen Farben des Würfels

Vorbereitung
Die Spielleitung stellt ein kleines Bäumchen auf die Tischmitte, auf dessen Spitze sie einen Stern klebt. Ausgehend vom Weihnachtsbäumchen legt sie zu jedem Platz einen Weg, der aus sechs farbigen Notizblättern besteht.

Spielverlauf
Jeweils ein Kind setzt sich direkt vor einen Weg aus Papier. Das Kind, das z. B. etwas Rotes anhat, darf als erstes würfeln. Es nimmt seine Spielfigur und stellt sie auf das Notizblatt mit der entsprechend gewürfelten Farbe. Anschließend kommt das Kind, das rechts daneben sitzt, an die Reihe und

würfelt. Würfelt ein Kind eine Farbe, die sich nicht vor seiner Spielfigur befindet, darf es nachsehen, ob es mit einer anderen Spielfigur auf dessen „Weg" vorrücken kann. Ansonsten gibt es den Würfel seinem rechten Nachbarkind. Sobald alle Spielfiguren auf ihrem letzten Blatt bzw. direkt vor dem Weihnachtsbaum stehen, ist das Spiel aus.

Rote Weihnachtsmann-Mütze

Alter: ab 3 Jahren
Anzahl: ab 2 Kindern
Material: 1 Farbwürfel, 5 einfarbige Adventsgegenstände, die sich farblich gut voneinander unterscheiden und auf dem Farbwürfel repräsentiert sind (z. B. 1 orange Kerze, 1 blaue Weihnachtskugel, 1 weißer Engel, 1 grüner Tannenzweig, 1 rote Weihnachtsmann-Mütze aus Filz, 1 gelber Papierstern)

Die Spielleitung stellt fünf verschiedene einfarbige Gegenstände auf einen Tisch. Sie übergibt den Farbwürfel einem Kind. Würfelt es z. B. die Farbe Weiß, versuchen alle Kinder so schnell wie möglich etwas Weißes auf dem Tisch zu erkennen und rufen z. B. „Engel". Das Kind, dem das am schnellsten gelingt, legt den „Engel" zur Seite. Es erhält den Würfel und setzt das Spiel fort. Würfelt es z. B. eine Farbe, die kein Gegenstand hat, darf es sich eine Farbe wünschen. Daraufhin versuchen die übrigen Kinder wieder, so schnell wie möglich einen Gegenstand in der entsprechenden Farbe ausfindig zu machen. Erst wenn alle Gegenstände weg sind, ist das Spiel aus.

Reimwörter-Weihnacht

Alter: ab 5 Jahren
Anzahl: ab 4 Kindern, gerade Anzahl
Material: 10 kleine weiße Notizblätter, Buntstifte, jede Menge Zapfen; evtl. 1 Kopierer, 3 Kartonpapiere (DIN A4); evtl. 1 Laminiergerät, Laminierfolien

Vorbereitung

Die Spielleitung zeichnet auf die zehn Notizblätter jeweils eines der folgenden Motive oder kopiert diese aus einem Buch: einen Weihnachtsbaum, einen Adventskranz, ein Plätzchen, zwei Kerzen, einen Engel, einen Adventskalender, ein Säckchen, einen Stern, eine Glocke, eine Nuss. Zur Verstärkung kann sie die Blätter auf Kartonpapier kleben, laminieren und ausschneiden.

Spielverlauf

Die Spielleitung verteilt die Blätter mit den Bildmotiven auf dem Tisch, an den die Kinder sich setzen. Immer zwei Kinder, die nebeneinander sitzen, bilden ein Team. Die Spielleitung erklärt ihnen anhand von Reimwörtern, worum es geht. Dann sucht sie sich in Gedanken ein Bild aus und sagt z. B.: „Herzen!". Nacheinander dürfen die einzelnen Paare das vermutete Bildmotiv bzw. Reimwort (hier: Kerzen) benennen.
Anschließend wiederholt die Spielleitung ihr Wort und nennt das passende Reimwort. Die Paare, welche die richtige Antwort wussten, erhalten jeweils einen Zapfen. Danach setzt die Spielleitung das Spiel fort, indem sie sich ein neues Bildmotiv aussucht. Das Spiel ist beendet, wenn alle zehn Bildmotive an der Reihe gewesen sind. Die Paare, welche die meisten Zapfen vor sich liegen haben, sind für heute die „Reimwörter-Profis"!

Beispiele

Die Spielleitung nennt der Reihe nach die einzelnen Wörter, zu denen die Kinder die passenden Bildmotive bzw. Reimwörter (in Klammern) suchen.

Weihnachtstraum (Weihnachtsbaum)
Adventstanz (Adventskranz)
Schätzchen (Plätzchen)
Bengel (Engel)
Dezember (Kalender)
Fleckchen (Säckchen),
gern (Stern)
Socke (Glocke),
Schluss (Nuss)

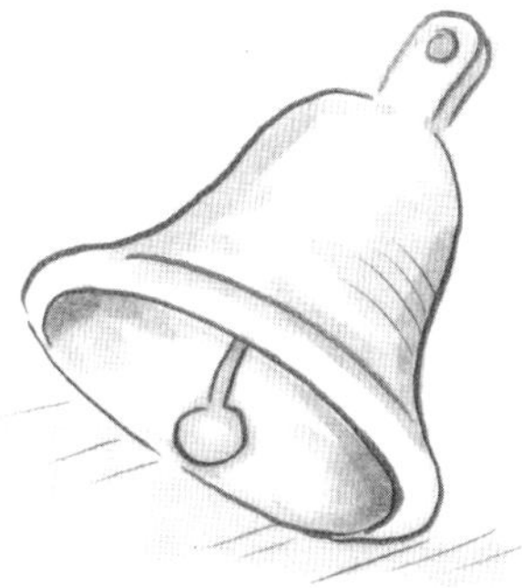

Farbenfrohe Adventswörter

Alter: ab 3 Jahren
Anzahl: ab 2 Kindern
Material: 1 Farbwürfel, 12 kleine Adventsgegenstände (z. B. 1 Weihnachtskugel, 1 Adventskerze, 1 Rentierfigur, 1 Engel etc.), 24 kleine Strohsterne, 1 gelber Tonkarton (DIN A3), 1 Bleistift, 1 Lineal, 1 Schere, 1 Eieruhr

Vorbereitung
Die Spielleitung zeichnet einen großen Stern (s. S. 59) auf das gelbe Tonpapier, den ein Kind ausschneidet.

Spielverlauf
Die Spielleitung legt den gelben Stern aus Tonkarton auf die Tischmitte und verteilt bis auf die Sterne alle Adventsgegenstände auf dem Tisch. Sie übergibt einem Kind einen Farbwürfel und stellt die Eieruhr auf fünf Minuten. Das ist die Spielzeit, die jetzt beginnt. Hat das Kind z. B. die Farbe Rot gewürfelt, darf es einen Gegenstand benennen, der etwas Rotes hat. Das kann auch ein kleiner roter Farbklecks sein. Kann das Kind die Aufgabe erfüllen, erhält es einen kleinen Strohstern, den es auf den gelben Stern aus Tonpapier legt. Es übergibt den Würfel seinem rechten Nachbarskind, das auf die gleiche Art das Spiel fortsetzt. Sind alle Strohsterne verteilt oder die vereinbarte Spielzeit beendet, ist das Spiel aus. Sind noch Strohsterne übrig, wiederholt die Gruppe das Spiel und versucht dabei, alle Strohsterne wesentlich schneller auf den Stern in der Mitte zu platzieren.

Adventsmemory

Alter: ab 3 Jahren
Anzahl: ab 2 Kindern
Material: 1 Laminiergerät, Laminierfolien, 24 Blanko-Memorykarten oder 1 weißer Fotokarton (DIN A3), 1 Bleistift, Werbeprospekte mit Weihnachtsartikeln (darunter 2 Krippen), Scheren, Klebstoff

Vorbereitung
Die Kinder können die Blanko-Memorykarten selbst herstellen, indem sie auf dem weißen Fotokarton 24mal den Umriss einer Memorykarte aufzeichnen und diese dann ausschneiden. Danach schneiden sie immer zwei gleiche Weichnachtsartikel, z. B. 2 Sterne, 2 Nikoläuse, 2 Krippen etc. aus, die sie auf jeweils zwei Memorykarten kleben. Die Spielleitung laminiert die Karten und schneidet sie aus.

Spielverlauf
Die Kinder legen die Memorykarten verdeckt auf den Tisch, um den sie sich herumsetzen. Das Spiel verläuft ähnlich wie das altbekannte Memory. Nacheinander deckt jeweils ein Kind zwei Karten auf, die es behalten darf, wenn es sich um ein Paar handelt. Ansonsten dreht es die beiden aufgedeckten Karten wieder um. Deckt ein Kind die zwei Karten mit jeweils einem Krippenmotiv auf, hat es das Spiel bereits gewonnen! Alle übrigen Kinder zählen ihre Kartenpaare und ermitteln den zweiten und dritten Sieger!

Weihnachtspost

Alter: ab 4 Jahren
Anzahl: ab 7 Kindern
Material: 1 Weihnachtskarte, 1 Würfel

Kommt die Karte noch rechtzeitig zum Weihnachtsfest an? Wie jedes Jahr, haben wir die Weihnachtskarte viel zu spät abgeschickt, so dass wir nur das Beste hoffen können.

Die Kinder sitzen um einen runden Tisch herum. Ein Kind holt sich den Würfel und die Weihnachtskarte. Es schaut sich in der Runde um, sagt z. B.: „... (Name eines Kindes einsetzen), ich hoffe, dass du die Weihnachtskarte rechtzeitig bekommst!" und würfelt. Hat es z. B. eine „3" gewürfelt, zählt es nacheinander drei Kinder, die rechts von ihm sitzen. Sollte das dritte Kind das ausgewählte sein, erhält es die Karte und den Würfel, um das Spiel fortzusetzen. Ansonsten wählt die Spielleitung einen anderen Mitspieler aus, dem das Kind seine Karte übergibt und der sich dann den Würfel vom Ausgangskind holt. Das Spiel ist beendet, wenn alle Kinder wenigstens einmal die Karte „zugeschickt" bekommen haben.

Weihnachtsglocke, läute!

Alter: ab 6 Jahren
Anzahl: ab 2 Kindern
Material: 1 Glocke, pro Kind 1 Würfel

Alle Kinder sitzen an einem Tisch und erhalten jeweils einen Würfel. Sie hören aufmerksam zu, wie die Spielleitung z. B. dreimal kurz hintereinander die Glocke läutet. Die Kinder zählen im Stillen mit, wie oft die Glocke erklungen ist, und versuchen, sich die Anzahl gut zu merken. Danach würfeln sie so lange, bis eines der Kinder eine „3" gewürfelt hat und ganz laut ruft: „Die Weihnachtsglocke hat dreimal geläutet!" Bestätigt die Spielleitung die Aussage des Kindes, erhält es die Glocke, mit der es bis zu sechsmal kurz hintereinander läuten darf. Dann beginnt das Spiel von vorne. Haben alle Kinder die Glocke einmal geläutet, ist das Spiel aus!

Das verschwundene Weihnachtsgeschenk

Alter: ab 5 Jahren
Anzahl: ab 4 Kindern
Material: 12 kleine weiße Notizblätter und Buntstifte (oder Werbeprospekte mit Geschenkartikeln), Schere und Klebstoff

Vorbereitung
Die Spielleitung malt auf jedes Notizblatt ein anderes Weihnachtsgeschenk, z. B. einen Strohstern, eine Kerze, ein Buch, ein Spielzeugauto, eine Puppe etc. Wer nicht malen möchte, kann aus Prospekten unterschiedliche Artikel ausschneiden und auf jeweils ein Notizblatt kleben.

Spielverlauf
Die Kinder bilden zwei bis drei gleich große Gruppen und verteilen die Bildmotive gut sichtbar auf dem Tisch. Sie wählen das Kind aus, welches das Spiel beginnen darf. Während das Kind sagt:
„Ein Weihnachtsgeschenk ist weg,
Suchen hat jedoch keinen Zweck!“,
dreht es blitzschnell ein Bildmotiv um. Die Gruppe, die am schnellsten das fehlende Bildmotiv richtig benennt, wählt ein Kind aus ihrer Mitte aus, welches das Bildmotiv wegnimmt und das Spiel auf die gleiche Art fortsetzt. Die Gruppe mit den meisten Bildmotiven gewinnt zum Schluss das Spiel.

Nikolaussäckchen leeren

Alter: ab 3 Jahren
Anzahl: ab 2 Kindern
Material: 1 grüner Fotokarton (DIN A3), Buntstifte, 1 Stoffsäckchen, ein paar Nüsse, 1 Werbeprospekt oder 1 Weihnachtskarte mit der Abbildung 1 Nikolaus' oder Weihnachtsmannes, 1 Schere, Klebstoff, 1 Eieruhr, 1 rote Spielfigur und 1 Würfel

Vorbereitung
Die Spielleitung schneidet aus dem Werbeprospekt oder der Weihnachtskarte den Nikolaus oder Weihnachtsmann aus. Sie legt die Nüsse in das Stoffsäckchen und zeichnet auf den Fotokarton einen Weg in Form von sechs eng aneinander liegenden Krei-

sen. In den ersten Kreis schreibt sie eine 1, in den zweiten Kreis eine 2 usw. bis 6. Neben die Zahl 6 klebt sie den Nikolaus oder Weihnachtsmann.

Spielverlauf

Die Kinder stellen die rote Spielfigur, die je nach Abbildung auf dem Fotokarton den Nikolaus oder Weihnachtsmann symbolisiert, vor den ersten Kreis, von wo aus sie starten. Sie vereinbaren eine Spielzeit und stellen die Eieruhr entsprechend ein, würfeln nacheinander und positionieren je nach gewürfelter Punktzahl ihre Spielfigur auf dem entsprechenden Kreis. Sobald ein Kind auf der „6" steht, darf es sich eine Nuss aus dem Nikolaussäckchen nehmen und seine Spielfigur wieder auf den ersten Kreis stellen. Kinder, die über die Zahlenreihe hinauswürfeln, setzen eine Runde aus. Sobald alle Nüsse aus dem Säckchen herausgeholt wurden oder die Spielleitung das Spiel aufgrund der abgelaufenen Spielzeit stoppt, ist das Spiel aus.

Hoffentlich gelangen die Nüsse rechtzeitig zu den Kindern!

Frost, Schnee, Kälte und Eis

Winterspiele für drinnen und draußen

Für Kinder ist der Winter, der hoffentlich noch lange Frost, Eis und Schnee mit sich bringt, ein wahres Vergnügen. Es bereitet ihnen spürbar große Freude, wenn sie z. B. auf einem zugefrorenen See gemeinsam Schlittschuhlaufen und auf der mit frischem Schnee bedeckten Wiese ihre Fußspuren hinterlassen. Zudem macht es ihnen viel Spaß, wenn sie Schneebälle formen, ein Iglu bauen oder die einzelnen Schneeflocken am besten mit einem farbigen Handschuh auffangen und dann mit Hilfe eines Vergrößerungsglases in Augenschein nehmen. Dabei erkennen sie rasch, dass jede von ihnen einzigartig ist und das, obwohl sie alle sechs Zacken haben.

Es ist einfach fantastisch, mit den Kindern nach draußen zu gehen und den Winter zu begrüßen, der nach unserem Kalender am 22. Dezember beginnt und am 20. oder 21. März endet. Unabhängig davon orientieren sich jüngere Kinder nicht nach der Zeiteinteilung des Winters, sondern nach den vier Jahreszeiten. Sie spüren, wenn es draußen immer kälter wird, und freuen sich über die ersten Schneeflocken, die vielleicht viel früher als erwartet vom Himmel tanzen.
Somit bieten sich die folgenden Spiele auch vor dem offiziellen Winteranfang an. Spielerisch können sich die Kinder mit der vierten Jahreszeit sowohl draußen als auch drinnen befassen und ohne großen Aufwand viel Interessantes erfahren.

Schneit es überall?

Alter: ab 4 Jahren
Anzahl: ab 8 Kindern
Material: pro Kind 1 Handvoll Wattebäusche, flotte Wintermusik (z. B. „Jingle Bells")

Alle Kinder stehen verteilt im Raum und halten Wattebäusche in den Händen, die Schneeflocken darstellen. Die Spielleitung wählt ein Kind aus und schaltet die Musik ein. Das Kind läuft im Außenkreis herum, um seine „Schneeflocken" auf den Kopf eines anderen Kindes zu legen. Danach wechselt es mit dem Kind seinen Platz und kniet sich auf den Boden. Nun läuft das andere Kind um den Außenkreis, um seine „Schneeflocken" auf den Kopf eines weiteren Kindes zu legen. Auf diese Weise wird das Spiel immer weiter fortgesetzt, bis die Musik beendet ist. Können die Kinder alle ihre Schneeflocken rechtzeitig loswerden? Falls ja, dann hat es „im ganzen Land" geschneit!

Schutzengel

Alter: ab 5 Jahren
Anzahl: ab 6 Kindern
Material: evtl. Schneeanzüge

Ist die Erde mit frischem Schnee bedeckt, macht das folgende Spiel besonders viel Spaß.

Ein Kind spielt den Fänger und zählt laut bis zehn. Währenddessen laufen die übrigen Kinder in einem begrenzten Spielfeld möglichst weit weg. Sobald das Kind „zehn" ruft, versucht es, irgendein Kind zu fangen. Kommt das Kind einem anderen zu nahe, bringt dieses sich in Sicherheit, indem es sich mit dem Rücken in den Schnee legt, beide Arme weit über den Kopf ausstreckt und schließlich seine Arme und Beine wie ein Hampelmann bewegt. In diesem Moment darf das Kind nicht mehr gefangen werden. Steht das Kind auf, ist der Schutzengel bzw. Schneeengel zu erkennen. Sobald ein Kind gefangen wird, werden die Rollen getauscht.

Eis schmilzt in den Händen

Alter: ab 4 Jahren
Anzahl: ab 10 Kindern
Material: 1 Eiswürfelschale, Wasser; evtl. pro Kind 1 Kissen

Vorbereitung

Die Kinder stellen Eiswürfel her, indem sie etwas Wasser in eine Eiswürfelschale füllen und diese in das Gefrierfach stellen. Auf diese Weise erfahren sie ganz nebenbei, wie Wasser zu Eis wird. Aber wie wird Eis wieder zu Wasser? Das können sie folgendermaßen entdecken.

Spielverlauf

Bis auf ein Kind laufen alle Kinder kreuz und quer durch den Raum. Das Kind holt sich einen Eiswürfel und versucht, diesen so schnell wie möglich einem anderen Kind zu übergeben. Während nun das gebende Kind stehen bleibt und seine Arme überkreuzt, um sich selbst zu wärmen, läuft das zweite Kind so lange im Raum herum, bis es ebenfalls den Eiswürfel weitergeben konnte. Das Spiel geht so lange, bis alle Kinder im Raum stehen. Wie groß ist am Ende der Eiswürfel? Das letzte Kind zeigt den anderen, was noch vom Eiswürfel übrig geblieben ist. Dabei diskutieren die Kinder auch, ob sie während des Spiels kalte und nasse Hände bekommen haben.

Variante für jüngere Kinder

Die Kinder setzen sich auf Kissen im Kreis zusammen (am besten auf einem glatten Fliesenboden). Ein Kind erhält einen Eiswürfel und gibt diesem einen kräftigen Stoß, so dass er in Richtung eines Kindes über den Fußboden rutscht. Das Empfängerkind wiederholt den Vorgang. Nach ein paar Durchgängen fragt die Spielleitung z. B.: „Weshalb ist der Eiswürfel kleiner geworden? Und woher stammen die Wasserspuren auf dem Fußboden?"

Achtung, Schneelawine!

Alter: ab 3 Jahren
Anzahl: ab 10 Kindern, gerade Anzahl
Material: für jedes 2. Kind 1 Softball

Eine Schneelawine kann z. B. ausgelöst werden, wenn im Gebirge sehr viel Neuschnee fällt. Schaffen es die Kinder bei dem folgenden Spiel, sich noch rechtzeitig vor der „Lawine" in Sicherheit zu bringen?

Die Kinder bilden zwei gleich große Gruppen, von denen in der einen jedes Gruppenmitglied einen Ball erhält. Die Gruppe mit den Bällen stellt sich mit dem Rücken direkt nebeneinander vor eine Wand, die Kinder der anderen Gruppe etwa drei Meter entfernt gegenüber und zwar so, dass sich die Kinder beider Gruppen gut sehen können. Auf ein Startzeichen der Spielleitung wird eine „Schneelawine" ausgelöst. Dazu geben die Kinder ihren Bällen einen kräftigen Stoß, sodass diese auf die übrigen Kinder zurollen. Diese versuchen, der Schneelawine bzw. den Bällen auszuweichen, indem sie z. B. über die rollenden Bälle springen oder den einzelnen Bällen durch einen Seitwärtssprung ausweichen. Die Kinder, denen das nicht gelingt, dürfen in der nächsten Spielrunde mit einem Kind aus der Ball-Gruppe den Platz tauschen und somit auch einmal „Schneelawine" spielen.

Gemeinsamer Stand-Weitsprung

Alter: ab 4 Jahren
Anzahl: ab 3 Kindern
Material: 1 Trillerpfeife; evtl. Stock

Jeweils drei bis vier Kinder bilden eine Gruppe, geben sich gegenseitig die Hände und stellen sich nebeneinander auf eine mit frischem Schnee bedeckte große Wiese. Erfolgt der Startpfiff durch die Spielleitung, gehen alle Kinder leicht in die Knie und versuchen vom Stand aus mit beiden Beinen möglichst weit nach vorne zu springen. Gelingt das Vorhaben, ohne dass sich die Kinder gegenseitig loslassen? Wenn nicht, probieren sie es noch einmal, jedoch auf einer anderen schneebedeckten Stelle, bei der sich die Kinder so wie zu Beginn wieder aufstellen.

Variante für ältere Kinder
Anstelle eines Standweitsprungs machen die Kinder einen Weitsprung. Dazu zeichnen sie mit Hilfe eines gewöhnlichen Stockes eine lange Absprunglinie in den Schnee. Sie stellen sich am besten zu viert und nicht so nah nebeneinander etwa drei Meter vor der Absprunglinie auf. Anschließend laufen sie gemeinsam bis zu der Linie, um von dort aus abzuspringen. Wer springt besonders weit?

Hundeschlitten-Rennen

Alter: ab 5 Jahren
Anzahl: ab 8 Kindern, pro Gruppe jeweils 4 Kinder
Material: jeweils 1 Schlitten mit Zugseil für 4 Kinder; evtl. Teppich- oder Sportfliesen zum Gleiten, Springseile

In Alaska werden seit jeher Hundeschlitten-Rennen durchgeführt und heute sogar bei uns in der Gruppe!

Jeweils vier Kinder bilden eine Gruppe und erhalten einen Schlitten. Die Gruppen stellen ihre Schlitten nacheinander auf eine mit Schnee bedeckte große Wiese. Danach setzt sich immer ein Kind aus jeder Gruppe auf den Schlitten. Alle übrigen Kinder fassen das Seil an, mit dem man den Schlitten zieht. Sie spielen die Hunde. Die Spielleitung stellt sich ca. zehn Meter entfernt den Kindern gegenüber und gibt das Startzeichen für das Rennen. Die Gruppe, die zuerst ankommt bzw. sich neben der Spielleitung befindet, hat gewonnen!

Variante für drinnen
Anstelle der Schlitten setzt sich aus jeder Gruppe ein Kind auf eine Teppichfliese. Es fasst das Ende eines Springseils an und lässt sich von den übrigen Gruppenmitgliedern, die das andere Seilende halten, bis zur Spielleitung möglichst schnell ziehen. Dabei achten alle darauf, dass sie das Kind auf der Teppichfliese unterwegs nicht verlieren. Ansonsten fängt das Rennen für die betreffende Gruppe wieder von vorne an.

Winterschlaf: (1) Murmeltier; (2) Hamster; (3) Fledermaus; (4) Haselmaus; (5) Igel
Winterruhe: (6) Eichhörnchen; (7) Dachs; (8) Braunbär; (9) Eisbär
Weder Winterschlaf noch Winterruhe: (10) Pferd; (11) Hase; (12) Maus; (13) Schwein

Welches Tier hält Winterschlaf?

Alter: ab 4 Jahren
Anzahl: ab 2 Kindern
Material: 1 Handtrommel

Im folgenden Spiel lernen die Kinder ein paar Tiere kennen, die Winterschlaf halten (z. B. Murmeltier, Hamster, Fledermaus, Haselmaus, Igel).

Zum Rhythmus des Trommelspiels gehen die Kinder nach Herzenslust durch den Raum. Stoppt das Trommelspiel, bleiben sie stehen und hören aufmerksam zu, wie die Spielleitung z. B. „Murmeltier!" ruft. Glauben die Kinder, dass es sich hierbei um einen Winterschläfer handelt, hocken sie sich hin und machen Schnarchgeräusche. Ansonsten gehen sie einfach im Raum weiter herum. Die Spielleitung übergibt einem Kind die Trommel, das richtig reagiert hat. Es setzt das Spiel auf die gleiche Art, jedoch mit einem neuen Tier, fort.

Variante für ältere Kinder
Die Kinder unterscheiden Tiere danach, ob sie Winterschlaf oder Winterruhe (z. B. Eichhörnchen, Dachs, Braunbär, Eisbär) halten. Zudem versuchen sie die Tiere zu erkennen, die weder Winterschlaf noch Winterruhe halten. Das Spiel verläuft wie oben beschrieben. Wird ein Tier genannt, das Winterruhe hält, machen die Kinder Schnarchgeräusche und heben dabei ihre Arme in die Luft. Auf diese Weise stellen sie dar, dass die betreffenden Tiere ab und zu aufwachen, um zu fressen.

Klirrende Kälte!

Alter: ab 4 Jahren
Anzahl: ab 6 Kindern, gerade Anzahl
Material: 2 leere Wein- oder Sektgläser, für die Hälfte der Kinder braune und die übrigen Kinder rote Krepppapierstreifen, evtl. 1 Eieruhr

Wenn es draußen recht kalt ist, drängen sich manche Tiere, z. B. Zaunkönig und Marienkäfer, möglichst dicht aneinander, um sich gegenseitig zu wärmen.

Vorbereitung

Die Kinder bilden zwei gleich große Gruppen. Die Kinder der ersten Gruppe erhalten jeweils zwei braune Krepppapierstreifen, die sie sich gegenseitig an die beiden Oberarme binden. Sie spielen Zaunkönige und die Krepppapierstreifen stellen ihre Flügel dar. Alle übrigen Kinder spielen Marienkäfer und erhalten jeweils zwei rote Krepppapierstreifen, die sie sich ebenfalls als Flügel an die Oberarme binden.

Spielverlauf

Alle „Zaunkönige“ und „Marienkäfer“ fliegen bzw. gehen möglichst leise durch den Raum. Plötzlich schlägt die Spielleitung die beiden Gläser aneinander und die „Tiere“ nehmen die klirrende Kälte bzw. den Klang wahr. Sofort suchen sie nach ihren „Artgenossen“ und bilden einen ganz engen Kreis, um sich gegenseitig zu wärmen.
Können alle möglichst schnell ihre Gruppe finden? Ansonsten wiederholen die Kinder einfach noch einmal das Spiel.

Variante

Wenn das Zusammenfinden schon gut gelingt, versuchen die Kinder innerhalb einer vorgegebenen Zeit ihre „Artgenossen“ zu finden.

Das Futterhäuschen

Alter: ab 4 Jahren
Anzahl: ab 2 Kindern
Material: 1 Blanko-Würfel (oder 1 Würfel, 1 Notizblatt und 1 schwarzer Farbstift), 24 leere Streichholzschachteln, Vogelfutter, Klebestreifen

Im Winter kommen die Vögel gerne zum Futterhäuschen, da sie ohnehin nicht viel Nahrung in der freien Natur finden. Welcher „Vogel“ kann möglichst viele Futterplätze ausfindig machen? Das werden die Kinder gleich testen.

Vorbereitung

Die Kinder holen sich 24 leere Streichholzschachteln, legen jeweils ein Samenkorn aus dem Beutel mit Vogelfutter hinein und verteilen die geöffneten Schachteln auf dem Tisch. Auf jeweils drei Seiten des Blanko-Würfels zeichnet die Spielleitung ein Vogelhäuschen. Ist kein Blanko-Würfel vorhanden, zeichnet sie drei kleine Futterhäuschen auf ein weißes Notizblatt, schneidet sie aus und klebt sie mit Klebestreifen auf drei Seiten eine Würfels.

Spielverlauf

Die Kinder setzen sich an den Tisch. Ein Kind würfelt und darf sich, hat es ein Futterhäuschen erwürfelt, ein Samenkorn aus einem Futterhäuschen bzw. einer Streichholzschachtel nehmen. Anschließend würfelt es erneut. Ist jetzt kein Futterhäuschen auf dem Würfel zu erkennen, gibt es den Würfel seinem rechten Nachbarskind. Auf diese Weise wird das Spiel so lange durchgeführt, bis alle „Futterhäuser“ leer sind. Am Schluss können die Kinder sämtliche Samenkörner in ein Futterhäuschen legen und die Streichholzschachteln wieder füllen.

Winterkleidung

Alter: ab 3 Jahren
Anzahl: ab 4 Kindern, gerade Anzahl
Material: 2 leere Wäschekörbe, 8 Gymnastikreifen, 8 Kleidungsstücke für die kalte Jahreszeit (z. B. 1 Wollmütze, 1 dicker Pullover, 1 Schal, 1 Winterjacke, 1 Paar Winterstiefel, 1 Paar Handschuhe, 1 Paar Ohrenschützer, 1 Schneeanzug)

Die Kinder verteilen Gymnastikreifen überall auf dem Boden, in die sie jeweils ein wärmendes Kleidungsstück legen, und bilden zwei gleich große Gruppen. Jede Gruppe erhält einen leeren Wäschekorb und stellt ihn in eine Ecke. Ein Kind aus der ersten Gruppe beginnt das Spiel, indem es z. B. sagt: „Wenn es draußen kalt ist, ziehe ich meine *Winterstiefel* an!" Daraufhin versuchen alle anderen Kinder, so schnell wie möglich zu den Winterstiefeln zu gelangen! Die Spielleitung gibt an wie, z. B. hüpfend. Das Kind, das als erstes den Gymnastikreifen, in dem sich das gesuchte Kleidungsstück befindet, mit seinem Fuß berührt, darf das Kleidungsstück in den Wäschekorb seiner Gruppe legen. Anschließend sucht sich ein Kind aus der zweiten Gruppe ein Kleidungsstück aus und sagt z. B.: „Wenn es draußen kalt ist, ziehe ich meinen *Pullover* an!" Daraufhin laufen alle Kinder so rasch wie möglich zu dem Gymnastikreifen, in dem sich der Pullover befindet.
Sobald sich alle Kleidungsstücke in den beiden Wäschekörben befinden, zählt jede Gruppe seine Wäschestücke zusammen und vergleicht die Anzahl mit der anderen Gruppe.

Iglu bauen

Alter: ab 5 Jahren
Anzahl: ab 2 Kindern
Material: 1 Tisch, 1 weißes Bettlaken und jede Menge Wattebäusche, 1 Eieruhr; evtl. viel Schnee, 1 Karotte, 1 Besen, 1 Hut oder Zylinder, Kohlenstückchen

Die Spielleitung stellt einen Tisch in die Raummitte, die Kinder verteilen ein weißes Bettlaken und jede Menge Wattebäusche auf dem Boden. Sie erhalten die Aufgabe, in einer vereinbarten Zeit miteinander ein Iglu zu bauen. Dementsprechend stellt die Spielleitung die Eieruhr ein. Auf ein Startzeichen laufen die Kinder los, holen zunächst das weiße Bettlaken und breiten es auf dem Tisch aus. Dann starten sie wieder, um einen „Schneeball" nach dem anderen auf das weiße Bettlaken zu legen. Wichtig ist hierbei, dass kein Kind mehrere Wattebäusche auf einmal auf das Bettlaken legt. Ansonsten fängt das Spiel von vorne an. Können die Kinder sich an die Spielregel halten und vor Ablauf der Spielzeit alle „Schneebälle" auf das Bettlaken bzw. den Tisch legen und so ihr „Iglu" fertigstellen?

Schneemann-Variante
Die Kinder bauen mit nassem Schnee einen großen Schneemann und verteilen eine Karotte, einen Besen, einen Hut und mehrere Kohlenstücke in ein paar Meter Entfernung auf dem Boden. Sobald die Spielleitung das Spiel anpfeift, laufen die einzelnen Kinder los, um innerhalb einer bestimmten Zeit jeweils einen Gegenstand zu holen. Sie laufen zum Schneemann, um ihm z. B. den Hut auf den „Kopf" zu setzen und den Besen „in die Hand" zu drücken. Die Karotte benutzen sie als Nase und die Kohlenstücke sind hervorragend für die Augen, den Mund und die Mantelknöpfe geeignet. Gelingt es den Kindern, alles rechtzeitig anzubringen? Wenn nicht, wiederholen sie einfach das Spiel!

Schneesturmwarnung!

Alter: ab 5 Jahren
Anzahl: ab 8 Kindern
Material: pro Kind bis auf vier 1 Reifen

In einem begrenzten Spielfeld verteilen die Kinder für alle bis auf vier jeweils einen Reifen. Vier Kinder stellen sich in jeweils eine Ecke des Spielfelds und spielen von dort aus den aufkommenden Schneesturm, der, sobald die vier Kinder in Richtung Spielfeld laufen, immer heftiger wird. Alle übrigen Kinder laufen kreuz und quer im Spielfeld herum, bis die Spielleitung ruft: „Es kommt ein gewaltiger Schneesturm auf!" In diesem Moment versuchen alle Kinder im Spielfeld, so schnell wie möglich in ein freies Haus (= Reifen) zu gelangen und sich so in Sicherheit zu bringen. Die vier Schneesturmkinder bemühen sich, das zu verhindern, indem sie in das Spielfeld laufen, um jeweils ein Kind zu fangen. Wurde ein Kind geschnappt, spielt es in der nächsten Spielrunde beim Schneesturm mit.

Variante für jüngere Kinder
Auf dem Boden befindet sich ein Reifen weniger als spielende Kinder. Ein Kind spielt den Schneesturm, alle anderen Kinder stellen z. B. Hasen dar. Sobald die Spielleitung die Schneesturmwarnung ausruft, versuchen alle Kinder, möglichst schnell mit beiden Beinen hüpfend in einen freien Reifen zu gelangen. Das Kind, das keinen freien „Bau" finden konnte, darf in der nächsten Spielrunde die Rolle der Leitung übernehmen und ein neues Tier, z. B. eine flinke Maus, vorschlagen.

Wintersport

Alter: ab 5 Jahren
Anzahl: ab 6 Kindern

Vorbereitung
Die Kinder bilden einen Kreis und benennen miteinander einige Wintersportarten wie Skilaufen, Langlauf, Skispringen, Snowboarden, Rodeln, Schlittschuhlaufen etc. Diese üben sie pantomimisch darzustellen. Sind die Kinder in der Lage, die einzelnen Sportarten zu benennen und zu unterscheiden, kann das Spiel losgehen.

Spielverlauf
Ein Kind stellt sich in die Kreismitte und überlegt sich eine Wintersportart. Dann geht es auf ein anderes Kind zu und tut so, als ob es z. B. Skilaufen würde. Steht das Kind direkt vor dem ausgewählten Kind, stellt es folgende Frage: „Weißt du, welchen Wintersport ich betreibe?" Das ausgewählte Kind versucht, die Frage richtig zu beantworten. Erkennt es, dass es sich hierbei um Skilaufen handelt, wechselt es mit dem Kind den Platz und wiederholt das Spiel mit einer neuen Wintersportart. Ansonsten geht das Anfangskind auf ein neues Kind zu und wiederholt die Frage.

Vorsicht Glatteis!

Alter: ab 5 Jahren
Anzahl: ab 4 Kindern

Ein Kind stellt sich mit dem Rücken vor eine Wand. Alle übrigen Kinder stellen sich dicht der Reihe nach vor die gegenüber liegende Wand und zwar so, dass sie das Kind gut sehen. Während das Kind ganz langsam und vorsichtig wie auf Glatteis geht, tun auch alle übrigen Kinder so, als ob sie auf Glatteis gehen würden. Dabei bewegen sie sich vorsichtig aufeinander zu, bis die Spielleitung auf einmal ganz laut in die Hände klatscht und dabei ruft: „Vorsicht Glatteis!" Das ist das Signal dafür, dass es so „rutschig" ist, dass alle Kinder stehen bleiben und sich gegenseitig die Hände geben müssen. Dabei versucht das einzelne Kind eines der Kinder, die ohne Handfassung sind, zu berühren. Gelingt das Vorhaben, darf dieses Kind in der nächsten Spielrunde dem Ausgangskind beim Fangen helfen. Das Spiel ist beendet, wenn mehr als die Hälfte der Kinder das Glatteis spielen.

So tanzen die Schneeflocken

Alter: ab 4 Jahren
Anzahl: ab 6 Kindern
Material: 1 Handtrommel

Wenn es draußen schneit, beobachten die Kinder am Fenster, wie langsam und leise die Schneeflocken vom Himmel fallen. Danach passt folgendes Spiel sehr gut.

Alle Kinder bilden einen großzügigen Stuhlkreis und stellen sich direkt vor ihre Stühle hin. Ein Kind, das sich in die Kreismitte begibt, spielt eine Schneeflocke, indem es langsam auf ein beliebiges Kind zugeht und sich dabei um die eigene Achse dreht. Damit das jedoch nicht zu schnell geschieht, gibt die Spielleitung das Bewegungstempo mithilfe einer Handtrommel vor. Steht die „Schneeflocke" direkt vor dem ausgewählten Kind, fällt sie zu Boden, indem sie sich auf den Platz des Kindes setzt. Währenddessen sucht sich das ausgewählte Kind auf die gleiche Art ein weiteres stehendes Kind aus dem Kreis aus. Erst wenn alle Kinder im Stuhlkreis sitzen, ist das Spiel beendet.

Variante für ältere Kinder
Die Kinder führen das Spiel wie oben beschrieben durch, jedoch ohne Trommel. Gelingt es den einzelnen Kindern, langsam und leise auf ein beliebiges Kind zuzugehen und sich dabei um die eigene Achse zu drehen?

Schneelast auf den Bäumen

Alter: ab 4 Jahren
Anzahl: ab 6 Kindern
Material: Wattebäusche

Es schneit und schneit! Die Schneelast auf den Bäumen ist überall zu sehen. Aber welcher Baum hat wohl am meisten zu tragen?

Die Spielleitung verteilt die Wattebäusche in den einzelnen Ecken. Jeweils drei bis vier Kinder bilden eine Gruppe. Ein Kind aus jeder Gruppe spielt einen Baum und nimmt einen festen Stand ein, indem es leicht in die Hocke geht und dabei die Beine etwas auseinander stellt. Die Arme, welche die Äste des Baumes darstellen, streckt es waagrecht aus. Erfolgt das Startzeichen durch die Spielleitung, laufen alle Kinder so schnell los, als wären sie ein Schneesturm, um die Schneeflocken bzw. Wattebäusche einzeln einzusammeln, die sie dann auf die ausgestreckten Arme ihres „Baumes" legen. Sind alle Wattebäusche auf den Armen verteilt, zählen die Kinder rasch die Schneeflocken, die sich auf den ausgestreckten Armen der Kinder befinden. Auf welchem Baum ist wohl besonders viel „Schnee"?

Wer ist der Schneemann?

Alter: ab 3 Jahren
Anzahl: ab 6 Kindern
Material: Schnee, 1 Karotte, 1 Besen, 1 Hut oder Zylinder, Kohlenstücke, 1 Besen, 1 Augenbinde

Vorbereitung

Alle Kinder bauen einen großen Schneemann, hinter dem sie sich gut verstecken können. Auf den Kopf setzen sie einen Hut. Eine Mohrrübe stellt die Nase und Kohlenstücke die Augen, den Mund und die Mantelknöpfe dar. Zudem bekommt der Schneemann einen Besen.

Spielverlauf

Bis auf ein Kind stellen sich alle Kinder möglichst dicht nebeneinander und etwa einen Meter entfernt vor den Schneemann. Die Spielleitung verbindet dem Kind die Augen. Dann deutet sie auf ein weiteres Kind, das sich hinter dem Schneemann versteckt. Alle übrigen Kinder schließen die entstandene Lücke und fragen: „Weißt du, wie der Schneemann heißt?" Das Kind nimmt seine Augenbinde ab und schaut sich

um. Kann es innerhalb einer Minute erraten, welches der Kinder sich hinter dem Schneemann verbirgt?

Schneekristalle

Alter: ab 6 Jahren
Anzahl: ab 7 Kindern
Material: 1 Handtrommel

Sobald sich in den Wolken feine Wassertröpfchen an den Kondensationskernen anlagern und dort gefrieren, entstehen Eiskristalle, an denen auf der Reise durch die Wolken zunehmend Wasserdampf festfriert. Auf diese Weise entstehen allmählich sechseckige Schneekristalle, die je nach den vorherrschenden Umweltbedingungen verschiedene Formen annehmen.

Die Kinder verteilen sich im Raum und laufen zum Rhythmus des Trommelspiels herum. Die Spielleitung stoppt das Trommelspiel und ruft laut: „Es ist bitterkalt!" Daraufhin stellen sich immer sechs Kinder im Kreis hintereinander auf, strecken ihre Arme aus und berühren sich dabei in der Kreismitte mit der Hand. Auf diese Weise stellen sie einen sechsarmigen Stern dar. Eines der Kinder, das keine Gruppe gefunden hat, erhält die Trommel, übernimmt das Kommando und eröffnet eine neue Spielrunde.

Hagelschauer

Alter: ab 5 Jahren
Anzahl: ab 8 Kindern
Material: 2–3 kleine Softbälle

Hagelkörner sind gefrorene Regentropfen, deren Durchmesser über 0,5 cm beträgt. Bei kleineren Gebilden spricht man von Graupel oder gar Griesel. Hoffentlich werden die Kinder von so einem Hagelschauer niemals erwischt!

Die Kinder bilden einen großzügigen Kreis. Zwei bis drei Kinder, die weit voneinander entfernt auf der Kreisbahn stehen, erhalten jeweils einen kleinen Softball und spielen den Hagelschauer. Danach wählt die Spielleitung ein Kind ohne Ball aus, das sich ein direkt gegenüber auf der Kreisbahn befindliches Kind aussucht und z. B. ruft: „… *(Name des Kindes einsetzen),* beeile dich, denn es wird gleich einen Hagelschauer geben!" Kaum hört das betreffende Kind seinen Vornamen, versucht es, so schnell wie möglich den Platz mit dem Kind zu wechseln. Währenddessen fliegen die Bälle, welche die Hagelkörner darstellen, in Richtung der beiden Kinder. Alle übrigen versuchen die Bälle zu fangen und ebenfalls in Richtung der Kinder zu werfen. Können die beiden Kinder dem „Hagelschauer" entkommen? Falls nicht, dürfen sie in der nächsten Spielrunde den Hagelschauer spielen.

Frostschutz

Alter: ab 6 Jahren
Anzahl: ab 4 Kindern
Material: 5 leere verschließbare Plastikwasserflaschen, 5 Notizblätter, Farbstifte, Tesafilm, Kühlerfrostschutzmittel

Frostschutz z. B. für Wasserleitungen und Scheibenwaschanlagen ist besonders wichtig, damit das vorhandene Wasser nicht gefriert und diese möglichst ohne Schaden bleiben.

Vorbereitung
Die Spielleitung bringt ein Kühlerfrostschutzmittel mit und fragt die Kinder, wozu man es gebrauchen kann. Sie geht mit den Kindern zum Parkplatz, öffnet die Motorhaube ihres Fahrzeugs und zeigt ihnen den Behälter dafür. Vorsicht: Das Mittel ist giftig! Auf die Notizblätter malt sie jeweils ein Auto und klebt sie auf die Plastikflaschen.

Spielverlauf
Zurück im Raum verteilen die Kinder insgesamt fünf leere Plastikflaschen (= Frostschutzmittel) auf dem Boden. Die Spielleitung wählt ein Kind aus, das den Frost spielt und die übrigen Kinder, die Autos darstellen, fangen möchte. Kommt der „Frost" einem Kind zu nahe, versucht es, so schnell wie möglich an ein „Frostschutzmittel" zu gelangen. Ist der „Frost" wieder weg, legt es das „Frostschutzmittel" wieder auf den Boden zurück und läuft mit viel Gebrumm durch den Raum. Wurde ein Kind gefangen, tauschen die beiden Kinder ihre Rollen.

Was machen die Fünf?

Fingerspiele zur Advents- und Winterzeit

Einfache und originelle Fingerspiele bereiten den Kindern ein spürbares Vergnügen. Sie machen motiviert und begeistert mit, wenn sie eine kurze Spielgeschichte mitsprechen und mit ihren Fingern und Händen darstellen dürfen. Das gelingt besonders gut, wenn sich die Spielgeschichten reimen. Indem die Kinder ihre eigenen Finger und Hände in bestimmte Personen, Tiere oder Gegenstände verwandeln und dazu den Text sprechen oder später vielleicht alleine aufsagen, werden im besonderem Maße Feinmotorik, Sprachentwicklung, Merkfähigkeit und kindliche Fantasie gefördert.
Das Spiel mit den Fingern und Händen kann sowohl mit einem Kind als auch mit einer Gruppe durchgeführt werden. Sind jedoch viele Kinder beteiligt, bietet sich ein Stuhlkreis geradezu an, bei dem die einzelnen Kinder das Spiel mit den Händen und Fingern jederzeit verfolgen und besonders gut mitmachen können.
Die dargebotenen Fingerspiele rund um den Advent und Winter sollen den Kindern ein bisschen davon vermitteln, was in der Vorweihnachts- und Winterzeit geschieht. Zudem gibt es viele Fingerspiele, die sich auf eine lustige Weise hauptsächlich der kalten Jahreszeit widmen und somit für Heiterkeit sorgen.
Ganz egal, welche Fingerspiele letztendlich ausgewählt werden, sollen sie hauptsächlich die Vorfreude auf das bevorstehende Weihnachtsfest oder auf den hoffentlich weißen Winter steigern.

Adventsfreude

Alter: ab 3 Jahren
Anzahl: ab 1 Kind

Der Adventskranz hat vier Kerzen,
die erfreuen uns're Herzen.
Jeden Sonntag zünd' ich dann,
eine weit're Kerze an.
Brennen alle vier am Kranz,
mach' vor Freude ich 'nen Tanz!

Alle Kinder machen eine Faust und strecken ausgehend vom Daumen vier Finger aus, welche die vier Kerzen symbolisieren. Sie machen wieder eine Faust und strecken mit jedem Wort der 4. Zeile nacheinander den Daumen, den Zeigefinger, den Mittel- und den Ringfinger aus, die jeweils eine Kerze darstellen. Am Ende führen sie die Finger wieder zur Hand zurück, um schließlich mit allen vier Kerzen (= Fingern) ein wenig zu zappeln. Im Anschluss daran können die Kinder den Adventstanz (s. S. 29) durchführen.

Guter alter Nikolaus

Alter: ab 3 Jahren
Anzahl: ab 1 Kind

Das ist der gute Nikolaus,
er trägt für uns Geschenke aus.
Pfefferkuchen und Mandelkern
ess' ich für mein Leben gern.
Guter alter Nikolaus,
komm auch mal zu mir nach Haus'!

Die Kinder machen eine Faust und strecken den Daumen aus, der den Nikolaus darstellt. Sie beugen ihn ein wenig und tun so, als ob er einen schweren Sack tragen würde. Dann machen sie wieder eine Faust und zählen die Leckereien auf, indem sie nacheinander den Daumen und Zeigefinger ausstrecken. Anschließend bilden sie erneut eine Faust und strecken den Daumen aus. Am Ende winken sie den (imaginären) Nikolaus herbei.

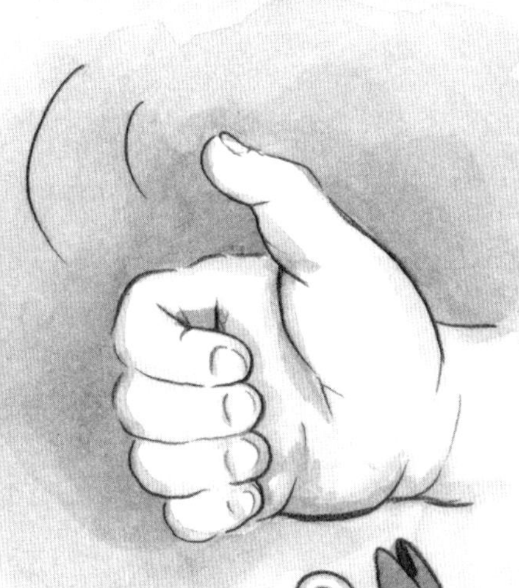

Ein Osterhase im Winterschnee?

Alter: ab 3 Jahren
Anzahl: ab 2 Kindern, gerade Anzahl

Wer läuft denn dort im Schnee?
Ist das vielleicht ein kleines Reh?
Nein, es schaut aus wie ein Hase.
Oh Schreck! Das ist der Osterhase.
Osterhas', spring schnell nach Haus'
und komm im Frühjahr wieder raus!

Je zwei Kinder setzen sich möglichst nah gegenüber, so dass sie sich gut sehen können. Sie kratzen sich mit dem Fingern am Kopf und tun so, als ob sie überlegen würden. Sie halten eine Hand über die Augen, um nach dem imaginären Tier Ausschau zu halten. Anschließend halten sie ihre flachen Händen hinter ihre Ohren, um die großen Hasenohren darzustellen. Schließlich hüpfen sie mit ihren Zeige- und Mittelfingern wie ein Hase auf ihrem Oberschenkel in Richtung Knie. Am Ende „springen" alle Kinder schnell in ein „Haus", indem sie sich gegenseitig unter den Armen kitzeln.

Weihnachtsmann, oh Weihnachtsmann!

Alter: ab 4 Jahren
Anzahl: ab 1 Kind

Weihnachtsmann, oh Weihnachtsmann!
Was schaust du mich so fragend an?
Ich weiß, ich bin nicht immer nett.
Auch geh' ich ungern früh ins Bett.
Ich kann jedoch viel Unsinn machen.
Bestimmt musst auch du gleich lachen!

Die Kinder sitzen im Stuhlkreis beisammen. Sie bilden zwei Fäuste und strecken den rechten Daumen aus, der den Weihnachtsmann darstellt, und lassen ihn etwas zappeln. Dann strecken sie den Daumen ganz ruhig aus und zusätzlich den kleinen Finger der linken Hand, der sie selbst darstellt und den sie jetzt etwas zappeln lassen. Anschließend führen sie ihre Handflächen zusammen, neigen ihren Kopf zur Seite und lassen diesen auf dem linken Handrücken ruhen. Auf diese Weise stellen sie das frühzeitige Schlafen dar, das sie gar nicht mögen. Am Ende können die Kinder nach Herzenslust Unsinn machen und Grimassen schneiden, um den (imaginären) Weihnachtsmann zum Lachen zu bringen.

Was machen die Fünf?

Alter: ab 4 Jahren
Anzahl: ab 1 Kind

Der Erste möchte Nüsse knacken.
Der Zweite möchte Plätzchen backen.
Der Dritte möchte Adventslieder singen.
Der Vierte möchte, dass die Glocken klingen.
Der Kleinste möchte nicht ohne Freunde sein.
Denn wer feiert Weihnachten schon gern allein?

Der Erste: Die Kinder machen eine Faust und strecken den Daumen aus. Dann bilden sie zwei Fäuste, die sie gegeneinander klopfen, als würden sie „Nüsse" knacken.
Der Zweite: Sie strecken den Daumen- und Zeigefinger aus und tun dann so, als ob sie einen Teig für Plätzchen kneten würden.
Der Dritte: Die Daumen-, Zeige- und Mittelfinger zappeln hin und her.
Der Vierte: Sie strecken den Ringfinger aus. Die eine Hand bildet eine Faust, über die sie mit einem kleinen Abstand ihre zweite Hand halten. Sie lassen die „Glocken läuten", indem sie ihre Faust gleichmäßig und nicht zu schnell hin und her bewegen.
Der Kleinste: Sie strecken erst den kleinen und dann die übrigen vier Finger aus.

Meine Stiefel

Alter: ab 3 Jahren
Anzahl: ab 1 Kind

Blitzblank, sauber und fein,
so soll mein erster Stiefel sein!
Blitzblank, sauber und fein,
so soll mein zweiter Stiefel sein!
Sind beide Stiefel wieder sauber und hell,
kommt St. Nikolaus bestimmt ganz schnell!

Die Kinder bilden zwei Fäuste und strecken erst den einen, dann den anderen Daumen aus, die sie dann als Paar zusammenführen. Am Ende trampeln sie ganz schnell mit ihren Füßen auf dem Boden.

Schneefreude

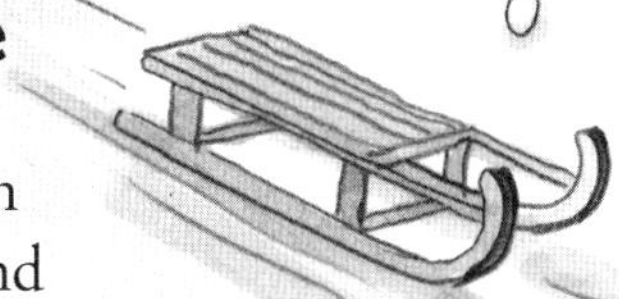

Alter: ab 5 Jahren
Anzahl: ab 1 Kind

Es liegt viel Schnee vor dem Haus.
Der Erste holt den Schlitten raus.
Der Zweite baut einen Schneemann.
Der Dritte formt Bälle, so viel er kann.
Der Vierte und der Fünfte machen gleich mit.
Sie laufen und werfen und bleiben so fit!

Der Erste: Die Kinder tun so, als ob sie einen Schlitten zu sich herziehen würden.
Der Zweite: Sie stellen pantomimisch dar, wie sie einen Schneemann bauen.
Der Dritte: Sie tun so, als ob sie Schneebälle formen würden.
Der Vierte und Fünfte: Sie formen ihre imaginären Schneebälle weiter.
Am Ende geben sie vor, Schneebälle zu werfen.

Lieber guter Weihnachtsmann!

Alter: ab 5 Jahren
Anzahl: ab 1 Kind

Lieber guter Weihnachtsmann,
schau mal her, was ich schon kann.
1, 2, 3, 4, 5, 6, 7,
so werden diese Zahlen geschrieben.
Und willst du noch mehr Beweise haben,
dann gib mir bitte etwas Leckeres für meinen Magen!

Die Kinder deuten mit dem Zeigefinger auf sich selbst und zeichnen dann die Zahlen von 1 bis 7 in die Luft. Sie zeigen auf irgendein Kind oder den vielleicht sogar anwesenden „Weihnachtsmann", um ihn um etwas Leckeres zu bitten.

Was macht der Igel im Winter?

Alter: ab 4 Jahren
Anzahl: ab 1 Kind

Im Winter liegt der Igel in seinem Nest
und schläft ganz tief und fest.
Er braucht gar nicht aufzustehen,
um auf Futtersuche zu gehen.
Im Frühjahr kommt er wieder heraus
und krabbelt in die weite Welt hinaus!

Die Kinder bilden eine Faust, die sie unter ihrem Pullover verstecken. Das ist der Igel, der sich zurückgezogen hat, um Winterschlaf zu halten. Dabei schnarchen sie leise. Sie bewegen den Zeigefinger der anderen Hand vor ihrem Oberkörper hin und her, um zu bekräftigen, dass der Igel nicht aufwacht, sondern schläft. Anschließend holen sie den Igel ganz behutsam unter dem Pullover hervor und bewegen Zeige- und Mittelfinger auf dem Oberschenkel in Richtung Knie, um die „Welt" zu erkunden.

Im Winter

Alter: ab 5 Jahren
Anzahl: ab 1 Kind

Im Winter fällt Schnee
und zugefroren ist der See.
Im Winter ist es bitterkalt
und weiß der Winterwald.
Und auf weißen Wegen
kommt uns St. Nikolaus entgegen!

Die Kinder halten beide Arme senkrecht über den Kopf und lassen ihre Finger hin und her zappeln. Sie strecken einen Arm nach vorne aus und malen einen Kreis, das ist der zugefrorene See. Sie umarmen sich selbst, um sich zu „wärmen". Am Ende laufen sie auf der Stelle St. Nikolaus entgegen.

Verbranntes Weihnachtsgebäck

Alter: ab 4 Jahren
Anzahl: ab 1 Kind

Der Erste fragt: „Wollen wir Plätzchen machen?"
Der Zweite sagt: „Ja, ich hole alle Sachen!"
Sie kneten und formen den Teig
und schalten den Ofen ein.
Sie legen das Gebäck aufs Blech
und schieben es rein.
Der Erste sagt: „Riechst du, wie das stinkt im Haus?"
Der Zweite ruft: „Alles, verbrannt, schalte den Ofen aus!"

Die Kinder bilden zwei Fäuste und strecken nacheinander die beiden Daumen aus, die miteinander „reden". Dann tun sie so, als ob sie den Teig kneten und formen, den Backofen anschalten, das Gebäck auf das Blech legen und schließlich in den Backofen schieben. Am Schluss bilden sie wieder zwei Fäuste und strecken die beiden Daumen aus, die sich miteinander „unterhalten".

„Ho, Ho, Ho!"

Alter: ab 5 Jahren
Anzahl: ab 2 Kindern, gerade Anzahl

„Ho, ho, ho!", macht der Weihnachtsmann.
Er hat eine große rote Bommelmütze an.
Schnell kommt er mit seinem Schlitten an.
Seine Rentiere sind ganz vorne dran.
Nachts bringt er dir Geschenke ins Haus!
Aufgewacht! Spring schnell aus deinen Federn raus!

Die Kinder setzen sich paarweise einander gegenüber, so dass sie sich gegenseitig gut sehen und berühren können. Mit tiefer Stimme rufen sie „Ho, Ho, Ho!". Sie bilden eine Bommelmütze, indem sie mit beiden Händen ein spitzes Dach über dem Kopf machen. Dann reiben sie ihre flache Hand rasch auf ihrem Oberschenkel in Richtung Knie, um zu zeigen, wie schnell der Rentierschlitten im Schnee fährt. Danach deuten sie auf ihr Partnerkind. Das ist der Weihnachtsmann. Am Ende fassen sie ihr Partnerkind ruckartig an beiden Hüften, um es blitzschnell zu „wecken".

An den Nikolaus

Alter: ab 5 Jahren
Anzahl: ab 2 Kindern

Du bist ein frommer guter Mann
und kommst am 6. Dezember bei uns an.
Das Bischofsgewand trägst du gern,
kommst zu den Kindern von nah und fern.
Danke für deine freundlichen Gaben,
das wollte ich dir einfach mal sagen!

Die Kinder sitzen im Kreis oder einander paarweise gegenüber, machen zunächst zwei Fäuste und strecken die fünf Finger einer Hand und den Daumen der anderen Hand aus. Sie deuten auf das „Bischofsgewand" bzw. ihr Oberteil. Sie zeigen auf den Nikolaus oder auf irgendein Kind in der Gruppe, das in ihren Gedanken den Nikolaus darstellt. Sie geben sich gegenseitig dankend die Hand.

Tipp: Trägt ein Kind das Fingerspiel direkt vor dem „Nikolaus" vor, kann es ihm am Ende die Hand geben.

Schneeballschlacht

Alter: ab 4 Jahren
Anzahl: ab 2 Kindern, gerade Anzahl

Fällt Schnee im Winter,
freuen sich die Kinder.
Miteinander gehen sie hinaus
und formen Bälle vor dem Haus.
Die Bälle fliegen und fliegen.
Wer wird wohl einen Ball abkriegen?

Jeweils zwei Kinder stellen sich einander direkt gegenüber, so dass sie sich gegenseitig gut sehen und anfassen können. Spielen mehrere Kinder mit, bilden sie einen Stuhlkreis. Mit den Fingern stellen sie die Schneeflocken dar, die sie in der Luft hin und her bewegen. Anschließend gehen sie mit Zeige- und Mittelfinger auf dem Oberschenkel „ins Freie". Am Ende stellen sie pantomimisch eine große Schneeballschlacht dar.

Hallo Kinder! Hallo Winter!

Alter: ab 5 Jahren
Anzahl: ab 1 Kind

Alle Fünf reimen mit Freude
zum Thema „Winter" heute!
Einer sagt: „Hallo Kinder!"
Alle antworten: „Hallo Winter!"
Zwei sagen: „Reh!"
Alle antworten: „Schnee!"
Drei sagen: „Mais!"
Alle antworten: „Eis!"
Vier sagen: „Wald!"
Alle antworten: „Kalt!"
Der Kleinste sagt: „Reimen macht Freude!"
Wer weiß weitere Reimwörter heute?

Die Kinder machen mit ihrer rechten Hand eine Faust. Sie strecken den Daumen und dann alle fünf Finger aus. Danach strecken sie den Daumen und Zeigefinger und schließlich alle Finger aus. Auf diese Weise kommen nach und nach die einzelnen Finger bis auf den Kleinsten dazu, den sie am Ende ohne die anderen Finger ausstrecken. Zum Schluss benennt die Spielleitung ein paar Wörter, bei denen die Kinder ganz nach Belieben losreimen und zwar ohne dass sie unbedingt eine Bedeutung haben müssen.

Wenn die vier Kerzen leuchten

Alter: ab 4 Jahren
Anzahl: ab 1 Kind

Am 1. Advent zünde ich die erste Kerze an.
Am 2. Advent kommt die zweite Kerze dran.
Am 3. Advent zünde ich die dritte Kerze an.
Am 4. Advent kommt die vierte Kerze dran.
Und was nun? Sag, was geschieht dann?
Hurra! Das Weihnachtsfest fängt an!

Die Kinder machen eine Faust. Ausgehend vom Daumen strecken sie die Finger nacheinander bis auf den kleinen Finger aus. Sie kratzen sich am Kopf und tun so, als ob sie nachdenken würden. Vor Freude strecken sie beide Arme in die Luft!

Die kleine Schneeflocke

Alter: ab 3 Jahren
Anzahl: ab 2 Kindern, gerade Anzahl

Eine kleine Schneeflocke fliegt,
bis sie auf deiner Nase liegt.
Rutscht von der Nasenspitze runter
und wird wieder ganz munter.
Sie fliegt und fliegt und fliegt,
bis sie auf deinem Schuh liegt!

Immer zwei Kinder stellen sich einander direkt gegenüber, so dass sie sich gut sehen und berühren können. Eines streckt einen Arm weit über den Kopf aus und zeigt dabei seinen Zeigefinger, der die Schneeflocke darstellt. Es bewegt seinen Zeigefinger in Richtung Nase des Partnerkindes. Dort angekommen, führt es seinen Zeigefinger zur Nasenspitze und schließlich in Richtung eines Schuhs des Partnerkindes, um diesen zu berühren. Danach findet ein Rollentausch statt.

Nüsse suchen

Alter: ab 3 Jahren
Anzahl: ab 2 Kindern, gerade Anzahl

Knurrt der Eichhörnchenmagen,
möchte es was zu fressen haben.
Aber wo sind die Nüsse geblieben?
Wo werden sie wohl herumliegen?
Hast du die Nüsse irgendwo gesehen?
Nein? Dann lass uns auf die Suche gehen!

Die Kinder bilden Paare und stellen sich mit dem Gesicht zueinander auf, so dass sie sich gut berühren können. Sie bewegen ihre flache Hand kreisförmig auf ihrem Magen, um zu zeigen, dass sie etwas Nahrhaftes brauchen. Sie kratzen sich am Kopf und denken nach. Anschließend heben sie eine Hand über die Augen und halten nach den gut versteckten „Nüssen" Ausschau. Sie deuten auf ihr Partnerkind und streichen dann mit den Fingerspitzen durch dessen Haare, um an diesem ungewöhnlichen Ort nach den „Nüssen" zu suchen.

So beginnt die Vorfreude

Alter: ab 5 Jahren
Anzahl: ab 1 Kind

Hörst du den Glockenklang?
Hörst du den Adventsgesang?
Wirst du leckere Plätzchen backen?
Und dann auch die Nüsse knacken?
Ja, so beginnt die Vorfreude
bis zum großen Fest ab heute!

Die Kinder machen eine Faust, über die sie die andere Hand halten und zwar so, dass zwischen Hand und Faust ein kleiner Abstand bleibt. Dabei bewegen sie ihre Faust gleichmäßig und nicht zu schnell hin und her und stellen so die Glocke dar, die „läutet“. Anschließend halten sie eine Hand an ihr Ohr, um dem Gesang zu lauschen. Dann tun sie so, also ob sie Teig kneten würden. Auch zeigen sie, wie sie Nüsse knacken, indem sie ihre beiden Fäuste gegeneinander schlagen. Am Ende strecken sie ihre Arme über den Kopf aus und führen sie kreisförmig bzw. seitlich zum Körper zurück. Mit dieser Bewegung stellen sie das große Fest dar, auf das sich viele Menschen freuen.

Frieden für die Welt!

Alter: ab 5 Jahren
Anzahl: ab 1 Kind

Ich wünsche mir eine tolle Zeit
und viel Schnee weit und breit.
Ich wünsche mir viel Freude
und viele glückliche Leute.
Ich wünsche mir kein Geld,
aber Frieden für die Welt!

Die Kinder strecken ihre Arme senkrecht über dem Kopf aus und führen sie zum Körper zurück. Dabei bewegen sie ihre Finger hin und her und stellen so den Schnee dar. Sie reißen ihre Arme vor Begeisterung einmal in die Luft. Anschließend strecken sie die Arme weit über den Kopf aus und in einem großen Kreis wieder zum Körper. So stellen sie die Welt dar!

Den Advent mit allen Sinnen erleben

Spiele für alle Sinne

Mit allen Sinnen wollen Kinder die Adventszeit entdecken und erleben. Sie sehen den Nikolaus mit seinem voll gepackten Sack, hören den Klang der Glocken auf dem Weihnachtsmarkt, riechen und schmecken das köstliche Weihnachtsgebäck. Vielleicht ahnen sie bereits, dass das große Fest unmittelbar vor der Tür steht.
Adventsspiele, die ganz bewusst die einzelnen Sinne ansprechen, wecken die Sensibilität für Zartes, Schönes, Winziges und Leises, das im hektischen Alltag meist verloren geht. Spielerisch schärfen die Kinder ihre Wahrnehmung für Zwischenmenschliches und für das, was die Adventszeit ausmacht.

Spiele für alle Sinne motivieren zum genauen Beobachten, intensiven Lauschen, Greifen, Schnuppern und Schmecken. Dabei ist es wichtig, den Kindern nur solche Spielangebote zu machen, die sie zum intensiven Wahrnehmen einladen.
Bei den folgenden Spielen können sich die Kinder in Bewegung oder in aller Ruhe durch den Einsatz ihrer Sinne ganz bewusst mit der Adventzeit auseinandersetzen. Für einen gezielten Einsatz der einzelnen Spiele stehen vor jedem Spiel immer ein bis zwei Sinne, die während des Spielverlaufs in besonderem Maße angesprochen und somit gefördert werden.

Wer sagt „Ho, Ho, Ho"?
Förderung des Hörsinns

Alter: ab 4 Jahren
Anzahl: ab 6 Kindern
Material: evtl. 1 Weihnachtsmannglocke

Die Kinder bilden einen großzügigen Stuhlkreis. Ein Kind A setzt sich mit dem Rücken zur Kreismitte. Es verschränkt die Ellbogen auf der Stuhllehne, beugt den Kopf herunter und schließt die Augen. Währenddessen blinzelt die Spielleitung einem anderen Kind B zu, das möglichst leise auf das betreffende Kind zugeht. Steht B direkt hinter A, sagt es mit möglichst tiefer Stimme: „Ho, ho, ho! Ich bin der Weihnachtsmann!" Daraufhin versucht Kind A herauszufinden, welches Kind die Stimme des Weihnachtsmanns imitiert. Glaubt das Kind zu wissen, um wen es sich hierbei handelt, sagt es z. B.: „Nein, du bist *Joshua!*" Wird die Aussage des Kindes bestätigt, öffnet es seine Augen und setzt sich so wie alle übrigen Kinder in den Stuhlkreis. Ansonsten wiederholt Kind B den Satz, ohne die Stimme zu verstellen. Gelingt es dem Kind jetzt, den Rufer zu erkennen? Falls nicht, teilt B seinen Vornamen mit. Danach setzen sich alle Kinder wieder in den Stuhlkreis und wiederholen das Spiel mit einem neuen Kind.

Variante für ältere Kinder
Während der „Weihnachtsmann" mit tiefer Stimme „Ho, ho, ho! Ich bin der Weihnachtsmann!" hinter dem betreffenden Kind A ruft, läutet er gleichzeitig mit seiner Glocke. Kann A trotzdem das Kind, das den Weihnachtsmann spielt, benennen? Falls nicht, wiederholt das Kind mit tiefer Stimme den Satz, diesmal ohne den Klang der Glocken.

Was steckt im Stiefel?
Förderung des Sehsinns

Alter: ab 5 Jahren
Anzahl: ab 2 Kindern
Material: 5–7 unterschiedliche Köstlichkeiten, die sich im Stiefel am Nikolaustag befinden können (z. B. Spielzeugobst aus Holz oder Plastik: 1 Mandarine, 1 Orange, 1 Apfel, zudem 1 kleine leere Packung Lebkuchen, Verpackung von einem Nikolaus aus Schokolade und 1 leere Tüte Plätzchen), 1 großer Winterstiefel

Die Kinder stehen dicht nebeneinander in einer Reihe, an dessen Ende die Spielleitung einen Winterstiefel auf den Boden stellt. Sie reicht dem ersten Kind z. B. eine Mandarine, die es dem zweiten Kind übergibt. Während nun die Mandarine von Hand zu Hand gereicht wird, schickt die Spielleitung bereits die nächste Leckerei, z. B. eine Packung Lebkuchen, ins Rennen. Sobald eine Leckerei das letzte Kind erreicht hat, darf es dieses in den Winterstiefel legen. Sind alle Köstlichkeiten im Stiefel, setzen die Kinder sich um den Stiefel herum. Miteinander benennen sie alle Leckereien, die sich im Stiefel befinden. Anschließend darf immer ein Kind eine Köstlichkeit aus dem Stiefel holen und diese vor den Stiefel stellen. Konnten alle Sachen herausgefunden werden? Falls nicht, probieren die Kinder das Spiel einfach noch einmal.

Hörst du den Rentierschlitten?
Förderung des Hörsinns

Alter: ab 4 Jahren
Anzahl: ab 4 Kindern
Material: 1 Pferdeleine mit Glöckchen, 1 Augenbinde für alle Kinder bis auf zwei

Alle Kinder bis auf zwei verteilen sich in einem kleinen Spielfeld und verbinden sich gegenseitig die Augen. Die beiden übrigen Kinder holen sich eine Pferdeleine und legen sie einem von ihnen an. Das andere Kind spielt den Weihnachtsmann, der seinen Rentierschlitten (= Partnerkind mit der Pferdeleine) durch den Raum führt. Die übrigen Kinder verfolgen den Weg mit Hilfe des Klangs der Glöckchen, die sich an der Pferdeleine befinden. Hebt die Spielleitung beide Arme in die Luft, bleibt der „Weihnachtsmann" mit seinem „Rentierschlitten" stehen. Daraufhin versuchen die Kinder auf die zwei zu deuten. Anschließend nehmen sie ihre Augenbinden ab und schauen nach, ob sie richtig gehört haben.

Wo war der Nikolaus?
Förderung des Hörsinns, evtl. Geruchssinns

Alter: ab 4 Jahren
Anzahl: ab 8 Kindern
Material: 3–4 kleine leere Lebkuchenpackungen, 1 Augenbinde für alle Kinder bis auf eines; evtl. 1 Orangen- und 1 Apfelschale

Bis auf eines bilden alle Kinder einen Kreis, ziehen ihre Schuhe aus und stellen sie direkt hinter sich. Die Kinder auf der Kreisbahn erhalten eine Augenbinde und verbinden sich gegenseitig die Augen. Sie grätschen ihre Beine etwas und stellen Häuser dar. Das einzelne Kind spielt den Nikolaus. Es erhält drei bis vier kleine leere Lebkuchenpackungen, mit denen es möglichst leise rechts- oder linksherum im Außenkreis umhergeht und hin und wieder stehen bleibt, um einzelne Packungen in einen beliebigen Schuh zu legen. Anschließend begibt sich der Nikolaus in die Kreismitte und bittet die Kinder, ihre Augenbinden zu entfernen. Die Kinder, die glauben, dass der Nikolaus „Lebkuchen" in einen ihrer beiden Schuhe gelegt hat, heben die Hand. Sie kontrollieren ihre Aussage, indem sie in ihre Schuhe schauen. Anschließend darf der Nikolaus mit einem Kind, das eine leere Lebkuchenpackung in seinem Schuh gefunden hat, die Rolle tauschen.

Variante
Ein Kind spielt den Nikolaus und erhält eine Orangen- und eine Apfelschale. Alle übrigen Kinder bilden einen Kreis, grätschen ihre Beine und stellen Häuser dar. Während der Nikolaus im Außenkreis herumgeht, singen alle Kinder ein Nikolauslied wie „Lasst uns froh und munter sein" (s. S. 47). Irgendwann bleibt der Nikolaus hinter einem Kind stehen. Die Kinder unterbrechen den Gesang, der Nikolaus tippt das betreffende Kind an, das seine Augen schließt. Der Nikolaus geht in das Haus (= krabbelt durch die gegrätschten Beine), um dem Kind eine Orangen- oder Apfelschale unter die Nase zu halten. Erkennt es anhand des Geruchs, ob es eine „Orange" oder einen „Apfel" vom Nikolaus bekommt? Falls ja, wechseln die beiden ihre Plätze. Ansonsten geht der Nikolaus in ein anderes „Haus", um das Spiel mit einer neuen Köstlichkeit fortzusetzen.

Was hat dir der Nikolaus gebracht?

Förderung des Tastsinns

Alter: ab 5 Jahren
Anzahl: ab 3 Kindern
Material: pro Kind 1 Stoffsäckchen mit 5 Dingen (z. B. 1 Mandarine, 1 kleiner Apfel, 1 Walnuss, 1 Strohstern, 1 Weihnachtsanhänger)

Vier bis sechs Kinder sitzen um einen Tisch herum und erhalten jeweils ein Stoffsäckchen mit dem gleichen Inhalt. Ein Kind nimmt z. B. die Mandarine aus seinem Säckchen und sagt: „Der Nikolaus hat mir eine Mandarine gebracht!" Daraufhin fassen alle Kinder in ihr Stoffsäckchen, um ebenfalls eine Mandarine zu ertasten. Wer glaubt, die Mandarine in Händen zu halten, holt diese aus seinem Säckchen. Die Kinder, die ebenfalls eine Mandarine finden konnten, dürfen diese ebenso wie das erste Kind direkt vor sich auf den Tisch legen. Alle übrigen Kinder legen ihre Sachen wieder in das Säckchen hinein. Anschließend kommt das Kind, das rechts daneben sitzt, an die Reihe, um das Spiel auf die gleiche Art fortzusetzen. Wessen Säckchen ist am schnellsten leer?

Adventsgebäck schmecken

Förderung des Geruchs- und Geschmacksinns

Alter: ab 4 Jahren
Anzahl der Kinder: ab 5 Kindern
Material: pro Kind 1 Augenbinde und 1 Stück Brot, 3 Plätzchen, 1 Teller

Die Kinder setzen sich um einen Tisch herum und verbinden sich gegenseitig die Augen. Ihnen wird nacheinander auf einem Teller ein Stück Brot oder eines der drei Plätzchen serviert, das sie auf die Bitte der Spielleitung gleichzeitig ihrem rechten Nachbarskind erst zum Riechen unter die Nase halten und auf eine zweite Aufforderung der Spielleitung in den Mund führen. Die Kinder, die glauben, ein Plätzchen geschmeckt zu haben, strecken ihren Arm in die Höhe. Alle übrigen schütteln ihren Kopf. Haben die betreffenden Kinder ihr Plätzchen am Geruch oder am Geschmack erkannt? Die Spielleitung gibt Antwort.

Was hat sich verändert?
Förderung des Sehsinns

Alter: ab 4 Jahren
Anzahl: ab 6 Kindern
Material: 2–3 Dinge vom Weihnachtsmann (z. B. 1 rote Mütze, 1 Jutesack, 1 Weihnachtsmannglocke)

Alle Kinder bis auf eines bilden einen Kreis. Das übrige Kind wird mit Bommelmütze, Jutesack und Glocke als Weihnachtsmann ausstaffiert und stellt sich in die Kreismitte. Dort steht es wie versteinert auf seinem Platz. Die Kinder sehen sich den „Weihnachtsmann" genau an, bevor sie sich umdrehen und ihre Augen schließen. Stehen alle Kinder mit ihrem Rücken zur Kreismitte, verändert die Spielleitung die Anordnung der Gebrauchsgegenstände oder die Körperhaltung des „Weihnachtsmanns", indem sie ihm z. B. den Sack in die andere Hand gibt und ohne Worte zeigt, dass er sich nach vorne beugen soll. Während nun der „Weihnachtsmann" in der neuen Position verharrt, bittet sie alle Kinder, sich wieder umzudrehen und herauszufinden, was sich alles verändert hat. Eines der Kinder, das die Aufgabe gut und besonders schnell erfüllt, darf in der nächsten Spielrunde den Weihnachtsmann bzw. die Weihnachtsfrau spielen.

Gleiche Weihnachtsbäume?
Förderung des Sehsinns

Alter: ab 5 Jahren
Anzahl: ab 3 Kindern
Material: 2 kleine Tannenbäumchen, jeweils 2 kleine und gleiche Dinge zum Aufhängen (z. B. 2 Christbaumkugeln, 2 Strohsterne, 2 Weihnachtsengel, 2 goldene Walnüsse, 2 Papier-Weihnachtsmänner, 2 Äpfel aus Holz); evtl. 1–2 einzelne Anhänger

Vorbereitung
Die Kinder schmücken zwei kleine Tannenbäume, so dass sie am Ende exakt gleich aussehen.

Spielverlauf
Die Kinder bilden einen großen Kreis um die beiden Weihnachtsbäume und drehen sich mit dem Rücken zur Kreismitte. Währenddessen tippt die Spielleitung einem Kind auf den Rücken, das in die Kreismitte geht und einen Anhänger entfernt. Es bittet die Kinder, ihre Augen zu öffnen und einmal um die Bäume herum zu gehen. Wer entdeckt am schnellsten, was an welchem Bäumchen fehlt? Das Kind bringt den Anhänger wieder am Bäumchen an. Es beginnt eine neue Spielrunde.

Variante
Statt etwas von einem Bäumchen zu entfernen, darf ein Kind einen zusätzlichen Anhänger anbringen. Es bittet die Kinder, ihre Augen zu öffnen, welche die beiden Bäumchen miteinander vergleichen. Wer findet wohl am schnellsten heraus, was an welchem Bäumchen dazugekommen ist?

Wo ist die Weihnachtsmann-Mütze?

Förderung des Tastsinns

Alter: ab 3 Jahren
Anzahl: ab 3 Kindern
Material: für 2–4 Kinder jeweils 1 Augenbinde, 1 Weihnachtsmann-Mütze und ein paar weitere Kleidungsstücke für die kalte Jahreszeit (z. B. 1 Schal, 1 Wollmütze, 1 Paar Handschuhe, 1 Pullover, 1 Hose), pro Kleingruppe 1 leerer Wäschekorb

Der Weihnachtsmann hat seine Mütze in die Wäscherei gebracht. Dort ist sie leider im großen Wäscheberg irgendwie verschwunden. Nun braucht er ein paar flinke Hände, die ihm helfen, seine Mütze möglichst schnell wieder zu finden.

Die Kinder setzen sich in einen großen Kreis und verbinden sich gegenseitig die Augen. Die Spielleitung stellt einen mit Wäsche gefüllten Korb in die Kreismitte. Die Kinder versuchen nach dem Startzeichen, möglichst rasch die Mütze zu ertasten, ohne jedoch ein Wäschestück aus dem Korb zu nehmen. Das Kind, das glaubt die Mütze in Händen zu halten, ruft: „Hier ist die Mütze des Weihnachtsmanns!“ Stimmt das nicht, verneint die Spielleitung die Aussage und die Kinder setzen ihre Suche fort. Welches Kind kann am schnellsten die Mütze ausfindig machen? Das Finderkind darf die Mütze in die „Wäscherei“ bringen, sobald alle übrigen Kinder wieder die Augen verbunden haben, und somit die Rolle der Spielleitung übernehmen.

Hörst du die Weihnachtsglocke?

Förderung des Hörsinns

Alter: ab 5 Jahren
Anzahl: ab 8 Kindern
Material: 4 Glocken, 3 Augenbinden

Die Spielleitung verbindet drei Kindern die Augen, die anderen Kinder bilden einen Kreis um die drei. Eines der Kinder, das auf der Kreisbahn steht, erhält die Glocke. Während die Kinder im Kreis gemeinsam ein ihnen bekanntes Advents- oder Weihnachtslied singen, erhalten die drei Kinder ebenfalls jeweils eine Glocke und hören aufmerksam zu. Denn sobald die Spielleitung die Hand hebt, darf das Kind, das auf der Kreisbahn seht, seine Glocke läuten. Können die drei Kinder trotz des Gesangs den Klang der Glocke erkennen und möglichst schnell antworten, indem sie ebenfalls läuten? Anschließend nehmen die drei Kinder ihre Augenbinde ab und tauschen ihren Platz mit jeweils einem anderen Kind, das auf der Kreisbahn steht.

Weihnachtsschmuck
Förderung des Tastsinns

Alter: ab 4 Jahren
Anzahl: ab 8 Kindern
Material: für 3 Kinder jeweils 1 Augenbinde, für die übrigen Kinder jeweils 1 Weihnachtsschmuck (z. B. 1 kleines Herz, 1 Fisch, 1 Christbaumkugel, 1 kleiner Engel, 1 kleiner Marienkäfer); evtl. andere kleine Dinge

Während drei Kinder sich jeweils eine Augenbinde holen, bilden die übrigen einen engen Kreis und erhalten jeweils einen kleinen Weihnachtsschmuck. Die Kinder mit den Augenbinden stellen sich in die Kreismitte und bekommen von der Spielleitung die Augen verbunden.
Auf ein Startzeichen, das durch die Spielleitung erfolgt, gehen sie langsam im Innenkreis herum und versuchen, die von den übrigen Kindern entgegen gestreckten Dinge zu ertasten. Glaubt ein Kind, den Weihnachtsschmuck zu erkennen, teilt es die Antwort dem betreffenden Kind mit. Stimmt die Vermutung, erhält es den Gegenstand und beide Kinder tauschen ihren Platz. Die Spielleitung verbindet dem Kind im Innenkreis die Augen und führt es in die Kreismitte, so dass das Spiel mit dem neuen Kind fortgesetzt wird. Konnten alle Kinder wenigstens einmal etwas ertasten, ist das Spiel beendet.

Variante für ältere Kinder
Alle Kinder, die im Kreis stehen, haben entweder einen Weihnachtsschmuck oder etwas anderes in der Hand. Die Kinder, die in der Kreismitte stehen, versuchen so schnell wie möglich, einen ganz bestimmten Weihnachtsschmuck ausfindig zu machen. Welches Kind im Innenkreis wird wohl die Aufgabe besonders schnell meistern?

Was befindet sich im Adventskalender?

Förderung des Tastsinns; evtl. des Sehsinns

Alter: ab 4 Jahren
Anzahl: ab 5 Kindern
Material: für alle Kinder bis auf eines 1 Augenbinde, 1 Adventskalender mit kleinen Dingen zum Tasten (z. B. 1 Murmel, 1 Glöckchen, 1 Strohstern); Sitzkissen, 1 großes Tuch

Im Dezember gibt es in vielen Einrichtungen einen Adventskalender. Jeden Tag darf ein anderes Kind ein Türchen oder Säckchen öffnen und vielleicht die Kinder zu dem unten aufgeführten Tastspiel einladen.

Alle Kinder bis auf eines stehen in einem engen Kreis und bekommen von der Spielleitung die Augen verbunden. Das Kind öffnet das Türchen oder Säckchen des Adventskalenders, holt den Inhalt heraus und übergibt ihn einem beliebigen Kind im Kreis. Dieses Kind tastet den Gegenstand ab und überreicht ihn seinem rechten Nachbarskind. Der Gegenstand wandert so lange von Hand zu Hand, bis er das Ausgangskind wieder erreicht hat. Das Kind nimmt ihn zu sich und hält ihn versteckt in den Händen oder z. B. unter dem Pullover verborgen. Es bittet die Kinder, ihre Augen zu öffnen und nacheinander ihre Vermutung preiszugeben. Anschließend zeigt es, was es bekommen hat.

Variante für ältere Kinder
Alle Kinder sitzen auf Kissen direkt vor dem Kind, so dass sie sein Gesicht gut sehen können. Das Kind öffnet das Türchen oder Säckchen des Adventskalenders unter einem großen Tuch. Es schaut unter das Tuch und benennt den Gegenstand möglichst leise, so dass die Kinder kaum etwas hören. Wer von den Kindern kann von den Lippen des Kindes ablesen, um welchen Gegenstand es sich handelt. Die Kinder teilen nacheinander ihre Vermutung mit. Zur Kontrolle holt das Kind das, was es bekommen hat, unter dem Tuch hervor.

Was fehlt auf dem Plätzchenteller?

Förderung des Sehsinns

Alter: ab 3 Jahren
Anzahl: ab 2 Kindern
Material: 1 Adventsteller (aus Porzellan oder Pappe), Werbeprospekte mit Köstlichkeiten aus der Weihnachtsbäckerei oder dem Nikolaussack (z. B. Zimtsterne, Walnüsse, Äpfel, Orangen, Mandarinen, Lebkuchenherzen, Dominosteine, Spekulatius), Scheren; 1 weißes Tonpapier (DIN A3), Wachsmalstifte, Klebstoff

Vorbereitung

Die Kinder schneiden insgesamt sechs bis acht Bildmotive aus, auf denen jeweils eine bestimmte Leckerei ein- oder mehrmals abgebildet ist, und legen sie auf den Adventsteller.

Spielverlauf

Die Spielleitung stellt den Adventsteller auf einen Tisch, an den sich die Kinder setzen. Sie fordert die Kinder auf, sich die einzelnen Bildmotive gut zu merken. Sie wählt ein Kind aus, das mit dem Spiel beginnt.
Es bittet die Kinder, die Augen zu schließen. Währenddessen nimmt es sich etwas vom Teller, das es unter dem Tisch versteckt hält. Danach öffnen die Kinder ihre Augen und versuchen das, was sich das Kind genommen hat, zu benennen. Vielleicht können sie sogar sagen, wo sich die Köstlichkeit bzw. das Bildmotiv auf dem Teller genau befunden hat. Zur Kontrolle holt das Kind die Köstlichkeit bzw. das Bildmotiv unter dem Tisch wieder hervor. Anschließend darf das Kind, das besonders schnell die richtige Antwort geben konnte, das Spiel fortsetzen. Sind alle Bildmotive wenigstens einmal entfernt, benannt und zurückgelegt worden, holen sich die Kinder ein großes weißes Tonpapier, auf das sie einen Adventsteller malen und die Bildmotive kleben.

Variante für ältere Kinder

Alle Kinder bis auf zwei legen nacheinander ein Bildmotiv, auf dem eine bestimmte Köstlichkeit abgebildet ist, auf den Adventsteller. Danach geben die beiden Kinder die einzelnen Köstlichkeiten wieder den Besitzerkindern zurück. Anschließend wird das Spiel mit zwei neuen Kindern wiederholt, nachdem die übrigen Kinder ihre Bildmotive untereinander getauscht haben. Das Spiel wird so lange weitergeführt, bis alle Kinder ein- bis zweimal an der Reihe gewesen sind.

Wie es weihnachtlich duftet!

Förderung des Geruchs- und Geschmacksinns

Alter: ab 5 Jahren
Anzahl: ab 6 Kindern
Material: unterschiedliche Weihnachtsplätzchen (z. B. Zimtstern, Vanillekipferl oder Lebkuchen), 3 Augenbinden, 3 Kuchenteller

In der Adventszeit backen die Kinder gerne unterschiedliche Arten von Plätzchen, die sie bewusst kennen und unterscheiden lernen.

Vorübung

Die Kinder stehen im Kreis und lernen ein paar Plätzchen, die unterschiedlich riechen, voneinander zu unterscheiden und zu benennen. Dafür legt die Spielleitung jeweils ein Plätzchen auf einen Teller, den die Kinder zum Riechen und Benennen einmal im Kreis herumreichen.

Spielverlauf

Die Spielleitung verbindet drei beliebigen Kindern, die nicht nebeneinander im Kreis stehen, die Augen. Anschließend bittet sie drei weitere Kinder, sich jeweils einen Kuchenteller zu holen, auf dem ein bestimmtes Plätzchen liegt. Sie gehen auf jeweils ein Kind mit verbundenen Augen zu, dem sie den Teller mit dem Plätzchen zum Riechen reichen. Erkennen die Kinder anhand der weihnachtlich duftenden Gewürze, dass es sich z. B. um einen Zimtstern, ein Vanillekipferl oder einen Lebkuchen handelt? Zur Kontrolle nehmen sie ihre Augenbinde ab und verspeisen die Köstlichkeit. Konnten alle Kinder wenigstens einmal an einem Plätzchen riechen und eines essen, ist das Spiel aus!

Der dicke Weihnachtsmannbauch

Förderung des Tastsinns

Alter: ab 3 Jahren
Anzahl: ab 6 Kindern
Material: 1 Kissen, 1 Augenbinde; evtl. verschiedene Kopfbedeckungen (z. B. 1 Weihnachtsmann-Mütze, und für alle Kinder bis auf eines entweder 1 Hut, 1 Zylinder, 1 Kopftuch oder 1 Kappe)

Der Weihnachtsmann ist nach Ansicht vieler Menschen pausbäckig, liebenswert, sehr alt und vor allem rundlich!

Ein Kind bekommt von der Spielleitung die Augen verbunden und wird in die Kreismitte geführt. Während alle übrigen Kinder im Kreis stehen und ihren Bauch so weit wie möglich ausstrecken, sucht die Spielleitung ein Kind aus, dem sie ein Kissen unter den Pullover steckt. Es spielt den Weihnachtmann, nach dem sich das Kind in der Kreismitte gleich auf die Suche macht. Dazu geht es auf die einzelnen Kinder zu, um deren Bauch abzutasten. Glaubt das Kind, den „dicken weichen Bauch des Weihnachtsmanns" zu fühlen, ruft es laut: „Du bist der Weihnachtsmann!" Zur Kontrolle nimmt das Kind seine Augenbinde ab. Danach sucht es sich ein weiteres Kind aus, das seine Rolle übernimmt.

Variante für ältere Kinder
Das Kind, das die Augen verbunden hat und in der Kreismitte steht, macht sich auf die Suche nach dem Weihnachtsmann, der natürlich eine Weihnachtsmann-Mütze trägt und auf der Kreisbahn sitzt. Allerdings ist das nicht so leicht, denn die übrigen Kinder tragen ebenfalls eine Kopfbedeckung wie einen Hut, einen Zylinder, ein Kopftuch oder eine Kappe.

Lebkuchen, wo bist du?

Förderung des Geruchs- und Geschmacksinns

Alter: ab 4 Jahren
Anzahl: ab 3 Kindern
Material: pro Kind 1 Augenbinde und 1 Kuchenteller mit 3–5 unterschiedlichen Leckereien (z. B. 1 Lebkuchen, 1 Dominostein, 1 kleines Stück Stollen, 1 Spekulatius, 1 Vanillekipferl)

Alle Kinder sitzen um einen Tisch herum und erhalten jeweils einen Kuchenteller, auf dem sich fünf unterschiedliche Leckereien aus der Weihnachtsbäckerei befinden. Sie raten, welche Köstlichkeit ihr rechtes Nachbarkind bevorzugt. Zur Kontrolle sagen alle Kinder der Reihe nach, was sie am liebsten essen möchten. Dann verbindet die Spielleitung ihnen die Augen. Nun versuchen sie mit Hilfe ihres Geruchssinns ihren Favoriten zu erkennen, den sie verspeisen dürfen. Zur Kontrolle nehmen sie ihre Augenbinde ab und schauen nach, ob sich ihr Favorit bereits im Bauch oder noch auf dem Teller befindet.

Kitzliger Weihnachtsmann

Förderung des Hörsinns, evtl. Geruchsinns

Alter: ab 3 Jahren
Anzahl: ab 6 Kindern
Material: pro Kind bis auf eines 1 Kissen; evtl. 1 kleiner Schokoladenweihnachtsmann, pro Kind bis auf eines 1 nicht essbarer Gegenstand (z. B. 1 Holzbaustein, 1 Bleistift, 1 Schachtel), pro Kind 1 Kuchenteller

Alle Kinder bis auf eines ziehen ihre Schuhe aus, bilden einen Sitzkreis auf den Kissen am Boden und strecken ihre Beine in Richtung Kreismitte. Während das einzelne Kind sich in die Kreismitte begibt und die Augen schließt, zeigt die Spielleitung auf ein beliebiges Kind, das den Weihnachtsmann spielt, der unglaublich kitzlige Füße hat und an seinem tiefen „Ho, ho, ho!" zu erkennen ist. Die Spielleitung bittet das Kind in der Mitte, seine Augen zu öffnen und zu raten, wer den Weihnachtsmann spielt. Das Kind geht auf irgendein Kind zu und kitzelt dessen Füße. Sollte hierbei das Kind nicht nur lachen, sondern auch hin und wieder ein tiefes „Ho, ho, ho!" von sich geben, kann es sicher sein, dass es sich hierbei um den gesuchten Weihnachtsmann handelt. Sollte sich das Kind irren, setzt es die Suche fort.

Variante für ältere Kinder

Während das Kind mit verbundenen Augen in der Kreismitte steht, übergibt die Spielleitung einem anderen Kind auf einem Kuchenteller einen ausgepackten Weihnachtsmann aus Schokolade. Alle übrigen Kinder erhalten auf jeweils einem Kuchenteller etwas nicht Essbares, z. B. einen Holzbaustein, einen Bleistift oder eine Schachtel. Nacheinander gehen die Kinder zu dem Kind, um es an ihren Sachen riechen zu lassen. Dabei geben sie ihre Teller mit den Sachen jedoch nicht aus der Hand. Kann das Kind den „Weihnachtsmann" finden bzw. die Schokolade am Geruch erkennen? In der nächsten Spielrunde darf ein neues Kind von der Kreismitte aus den Weihnachtsmann ausfindig machen. Nach ein paar Durchgängen dürfen alle Kinder ein kleines Stück vom Schokoladenmann naschen.

Welch ein Unsinn!

Förderung des Sehsinns

Alter: ab 3 Jahren
Anzahl: ab 5 Kindern
Material: 1 großer Adventskranz, ein paar kleine Dinge zum Anbringen, die nichts mit Advent zu tun haben (z. B. 1 Haarspange, 1 Haargummi, 1 Papierschnipsel)

Auf einen Tisch in der Kreismitte stellt die Spielleitung einen großen Adventskranz, den die Kinder, die im Kreis herum gehen, ganz genau betrachten. Auf Anweisung bleiben alle Kinder stehen und stellen sich mit dem Rücken zur Kreismitte. Während die Kinder ihre Augen schließen, bringt die Spielleitung einen kleinen Gegenstand, z. B. eine Haarspange, am Adventskranz an. Dann bittet sie die Kinder, ihre Augen zu öffnen und langsam wieder um den Adventskranz herum zu gehen. Eines der Kinder, das die Haarspange besonders schnell entdeckt, darf in der nächsten Spielrunde die Rolle der Spielleitung übernehmen und z. B. ein Haargummi oder einen winzig kleinen Papierschnipsel am Adventskranz anbringen.

Variante für ältere Kinder

Während die Kinder ihre Augen schließen, dreht die Spielleitung den geschmückten Adventskranz z. B. um 90 Grad nach rechts oder nach links herum. Danach bittet sie die Kinder, ihre Augen wieder zu öffnen. Wer weiß noch, wie der Adventskranz ursprünglich gestanden hat?

Was wird wohl im Nikolaussack sein?

Förderung des Tastsinns

Alter: ab 3 Jahren
Anzahl: ab 6 Kindern
Material: 2 Stoffsäckchen, klitschige Modelliermasse, Spielzeugobst (z. B. 2–3 Mandarinen aus Plastik oder Holz), 1 Weihnachtsmann-Mütze

Vorbereitung
Die Spielleitung gibt in eines der Säckchen die Modelliermasse und in das andere ein paar Mandarinen aus Plastik oder Holz, so dass beide Säckchen etwa gleich schwer und ausgefüllt sind.

Spielverlauf
Ein Kind holt sich die zwei gefüllten Säckchen, geht in die Kreismitte und spielt den Nikolaus. Während die Kinder ein bekanntes Nikolauslied, z. B. „Lasst uns froh und munter sein!" (s. S. 47) singen, geht der Nikolaus mit den Säckchen in der Hand im Takt zur Melodie im Innenkreis herum. Irgendwann bleibt er direkt vor einem Kind stehen und versteckt beide Säckchen hinter dem Rücken. Die Kinder beenden ihren Gesang. Daraufhin fragt der Nikolaus: „Welche Hand willst du haben? Was ist gut für deinen Magen?" Das Kind deutet auf einen Arm, den der Nikolaus nach vorne streckt. Es greift in das Stoffsäckchen und hofft, etwas Essbares zu finden und nach Möglichkeit nichts Klitschiges. Sollte das nämlich der Fall sein, ruft das Kind bestimmt ganz laut: „Igitt!", so dass die anderen Kinder das Lachen nicht verkneifen können. Anschließend darf ein anderes Kind als Nikolaus mit den beiden Säckchen im Kreis herumgehen und das Spiel auf ähnliche Weise wiederholen.

Ist das ein Adventslied?

Förderung des Hörsinns

Alter: ab 4 Jahren
Anzahl: ab 5 Kindern
Material: 1 CD- oder Kassettenabspielgerät, unterschiedliche Musikstücke (darunter Advents- und Weihnachtslieder)

Die Kinder sitzen um einzelne Tische herum. Die Spielleitung schaltet die Musik ein. Handelt es sich um ein Advents- oder Weihnachtslied, benutzen die Kinder ihre Tischplatte als Trommel. Zum Rhythmus der Melodie patschen sie leise mit den Händen auf ihre Tischplatte. Sind sie jedoch der Meinung, dass es sich um ein anderes Lied handelt, verschränken sie ihre Arme hinter ihrem Rücken und bleiben ruhig sitzen. Die Spielleitung teilt die richtige Antwort mit, indem sie irgendwann selbst auf ihre Tischplatte mit den flachen Händen patscht oder ihre Arme hinter dem Rücken verschränkt.

Variante für ältere Kinder
Die Kinder sitzen im Stuhlkreis. Zwei bis drei Kinder gehen vor die Türe und überlegen sich ein Lied, das sie gemeinsam in der Kreismitte vorsingen oder vorsummen. Wer glaubt, dass es sich um ein Advents- oder Weihnachtslied handelt, steht auf. Die Kinder wechseln mit jeweils einem Kind, das die richtige Antwort geben konnte, den Platz.

Spielenachmittag in der Vorweihnachtszeit

In gemütlicher Runde in die Adventszeit eintauchen

Spielen ist wunderbar! Ein Spielenachmittag in der Vorweihnachtszeit ist genau das Richtige für alle, die miteinander gemütlich beisammen sein und einfach eine schöne und erlebnisreiche Spielzeit im Advent erleben wollen. Damit der Spielenachmittag erfolgreich verlaufen kann, sollte rechtzeitig ein Einladungsschreiben verteilt werden, das Groß und Klein, Jung und Alt auf den Spielenachmittag einstimmt. Je nachdem welche Spiele ausgewählt werden, muss für alle erwarteten TeilnehmerInnen genügend Platz geschaffen oder freigeräumt werden. Sind ältere Geschwisterkinder ebenfalls eingeladen, sollten es auch Spielangebote geben, die etwas anspruchsvoller sind.

Es ist wichtig, dass alle Spielangebote die Kinder in erster Linie begeistern. Insgesamt sollte der Nachmittag abwechslungsreich und so gestaltet sein, dass die TeilnehmerInnen rasch die Spielorte wechseln können. So eignet sich ein Stuhlkreis besonders gut für ein Begrüßungs- und Kontaktaufnahmespiel. Anschließend können alle ihre Stühle relativ schnell an die einzelnen Spieltische stellen, auf denen sich z. B. ein paar mit Goldspray besprühte Walnüsse, Teelichter in weihnachtlich dekorierten Marmeladegläsern und einfache Strohsterne befinden.

Für das leibliche Wohl sorgt entweder das Team, das mit den Kindern ein paar Tage vorher Plätzchen backt, oder es bittet die Eltern um ihre Unterstützung. Zum Trinken bietet sich ein lecker duftender Adventsee an, der in Thermoskannen schön warm bleibt und in der kalten Jahrzeit zu einer gemütlichen Atmosphäre beiträgt.

Vor dem Spielenachmittag

Das Einladungsschreiben, das die Spielleitung für jedes Kind fotokopiert, kann folgendermaßen lauten.

Zu einem Spielenachmittag im Advent lade ich Euch herzlich ein.
Was werden wohl für tolle Spielideen in diesem Sack nur sein?

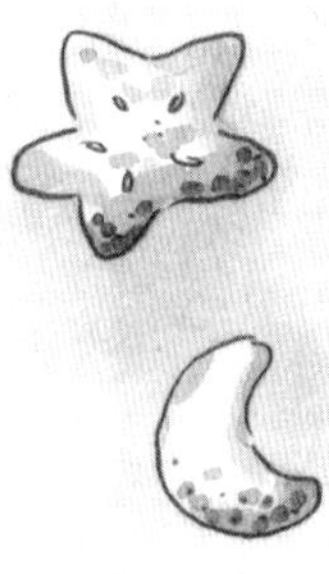

Liebe Mama und lieber Papa,
zu einem Spielenachmittag
möchte ich Euch gerne

am ....

um ....

in den Kindergarten / in das Klassenzimmer einladen.

Es wäre schön, wenn Ihr ein paar Plätzchen mitbringen könntet.

Solltet Ihr nicht teilnehmen können,
gebt bitte möglichst bald Bescheid.
Das wäre jedoch sehr schade,
denn ich freue mich auf Euch so sehr!
Bitte kommt an diesem Tag hierher!

Euer(e)

Ein Nikolaussack als Einladung

Passend zur Einleitung der Einladung basteln die Kinder einen Nikolaussack aus braunem Filz.

Material: Prospekte und Kataloge mit Abbildungen von Karten- und Gesellschaftsspielen, pro Kind 1 grüner Fotokarton (DIN A4) und 1 braunes Stück Filz, pro Gruppe 1–2 goldene Stifte, Filzstifte, Scheren, Klebstoff

- Die Kinder falten den grünen Fotokarton wie ein Buch in der Mitte.
- Sie schreiben alleine oder mit Hilfe der Spielleitung oben auf die Vorderseite in Gold das Wort „Einladung“.
- Sie zeichnen einen großen Nikolaussack auf den brauen Filz, den sie ausschneiden.
- Den Nikolaussack kleben sie auf die Vorderseite ihrer Einladungskarte.
- Sie schneiden drei bis vier Gesellschaftsspiele aus dem Prospekt aus und kleben sie neben ihren „Sack“. Diese sollen auf weitere Spiele neugierig machen, die sich „im Sack befinden“.
- Sie öffnen die Einladungskarte und kleben auf die rechte Seite ihr Einladungsschreiben (s. S. 110), das sie entweder allein oder mit Hilfe der Spielleitung unterschreiben.

Vorbereitung für die Theateraufführung

Material: 6–10 leere Schuhkartons, Weihnachtsgeschenkpapier, 4–5 Umzugskartons, gut deckende Farbe

Die Spielleitung packt sechs bis zehn leere Schuhkartons mit Weihnachtsgeschenkpapier ein. Sie spricht sechs Eltern an, die das Theaterstück „Hektik im Advent?“ (s. S. 114) mindestens vierzehn Tage vorher einstudieren. Für die Aufführung gestaltet sie mit ein paar Kindern vier bis fünf Häuser, indem sie auf jeden Umzugskarton mit gut deckenden Farben jeweils eine Tür und auf jede Seite ein großes Fenster malt. Zudem kann das „Haus“ einen gelben oder hellblauen Anstrich bekommen.

Das Fest beginnt

Am Anfang setzen sich alle kleinen und großen Gäste auf die Stühle, die eng beisammen im Kreis stehen. Sind sehr viele Gäste anwesend, dürfen sich die Kinder direkt vor ihre Eltern auf Sitzkissen setzen, so dass ein Innen- und ein Außenkreis entsteht. In diesem Fall spielen die Kinder miteinander im Kreis und die Eltern sitzen als Zuschauer direkt hinter ihren Kindern.

Spielideen für das Fest

Die folgenden Spielideen sind als Vorschlag für die Programmgestaltung zu verstehen. Die Auswahl kann jederzeit durch andere Spiele, auch aus diesem Buch, ergänzt oder ersetzt werden. Es empfiehlt sich, die Spiele nach Örtlichkeiten zusammenzufassen, so dass sich die TeilnehmerInnen über eine längere Zeit hinweg z. B. im Stuhlkreis oder am Tisch aufhalten können.

Im Stuhlkreis

Die Spielleitung begrüßt die kleinen und großen Gäste und eröffnet das Fest mit dem Begrüßungsspiel „Guten Tag, Herr Weihnachtsmann!" (s. S. 28).

Danach bieten sich folgende Spiele im Stuhlkreis an:

- Adventsfreude (Fingerspiel, s. S. 84)
- Adventstanz (s. S. 29)

Das Naschkätzchen (Klanggeschichte)

Kurze Geschichten im Stuhlkreis, bei denen die Kinder selbst aktiv werden können, sind interessant, machen neugierig und tragen dazu bei, dass alle Kinder von Anfang bis Ende mit großer Begeisterung aktiv sind. Wichtig ist, dass die Spielleitung den Text laut und deutlich und nicht zu schnell vorliest. An den Stellen, an denen der eigene Körper zum Einsatz kommt, kann die ganze Gruppe mitmachen!

Material: 1–4 Klangschalen, 1–3 Handtrommeln, 1 Triangel, 1 Xylophon

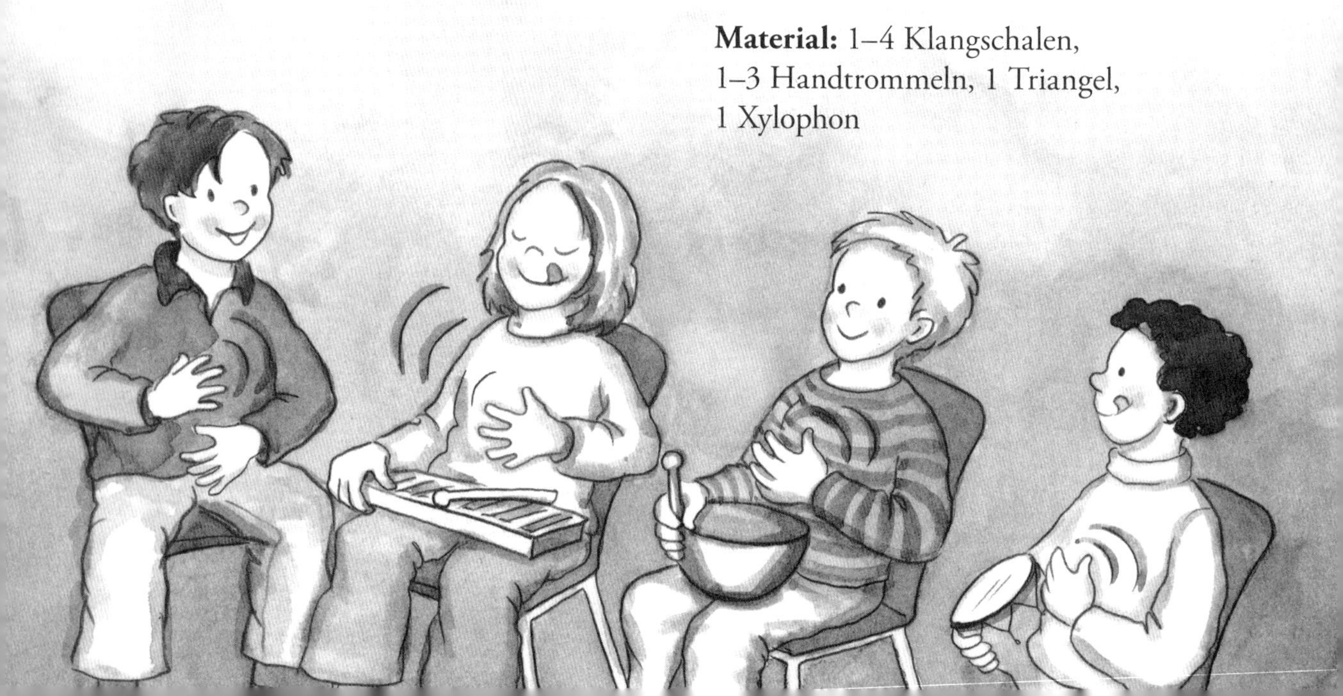

Klanggeschichte	**Instrument**	**Spielweise**
Alljährlich zur schönen Adventzeit duftet es im Haus weit und breit.	1–3 Klangschalen 	Klangschalen mit dem Schlegel zum Klingen bringen.
Das riecht auch das Naschkätzchen, es folgt dem Duft, unser kleines Schätzchen.	Füße 	Auf dem Boden gehen.
Es schleicht sich in die Küche hinein, denn hier duftet es besonders fein!	1–3 Handtrommeln 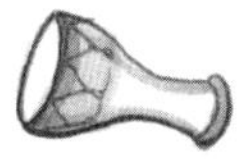	Handtrommeln kreisförmig mit den Fingerspitzen reiben.
Der Duft kommt aus dem Ofen raus und breitet sich aus im ganzen Haus.	Klangschale 	Mit dem Schlegel zum Klingen bringen.
Das Kätzchen schleicht zur Ofentüre und sieht Leckeres gefüllt mit Konfitüre.	1–3 Handtrommeln 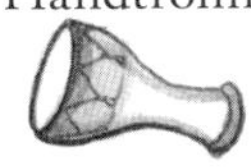	Kreisförmig mit den Fingerspitzen reiben.
Es reibt sich genüsslich den Magen und möchte die Leckereien gerne haben.	Bauch 	Kreisförmig mit einer Hand reiben.
Es denkt: „Stelle ich den Ofen höher ein, werden die Plätzchen schneller fertig sein!“	Triangel 	Mit dem Schlegel zum Klingen bringen.
Doch dann: Oh Schreck! Das riecht nicht fein, das können nur die Plätzchen sein.	Hände 	Leicht auf die Wangen klatschen.
Es holt rasch alle Plätzchen heraus und schaltet dann den Ofen aus!	1–3 Handtrommeln 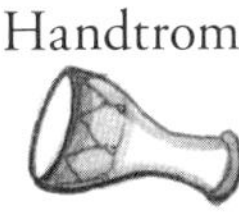	Mit der flachen Hand schnell streichen.
Papa sieht die verbrannten Plätzchen und backt gleich neue für sein Naschkätzchen!	Xylophon 	Einmal die Tonleiter hinauf und herunter spielen.
Naschkätzchen bedankt sich beim Vater, schließlich gab es überhaupt kein Theater!	Hände 	Arme kreuzen und mit den Händen auf die Schultern patschen.
Stattdessen wird die Backzeit mit Spielen versüßt und so die Naschkatze zum Spielenachmittag begrüßt.	1–3 Klangschalen 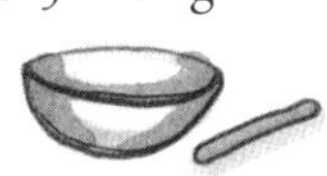	Mit dem Schlegel zum Klingen bringen.

Tischspiele

Die Leitung lädt alle Kinder und Eltern zu verschiedenen Spielen ein, die an jeweils einem Tisch stattfinden. Die einzelnen Spieltische, die aus mehreren zusammengestellten Tischen bestehen können, sollten für insgesamt sechs Personen genügend Platz bieten und von jeweils einem Elternteil, das die Spielregeln gut vermitteln kann, betreut werden.

- Nikolaussack füllen (s. S. 56)
- Wo sind die goldenen Nüsse? (s. S. 57)
- Weihnachtsbaum schmücken (s. S. 58)
- Sternenlauf (s. S. 58)
- Rote Weihnachtsmann-Mütze (s. S. 62)
- Adventsmemory (s. S. 64)

Plätzchen essen und Adventstee trinken

Haben alle kleinen und großen Gäste in Kleingruppen am Tisch das eine oder andere Spiel ausprobiert, räumen sie die Spiele gemeinsam auf. In der Zwischenzeit stellt die Spielleitung auf jeden Tisch einen großen Teller mit Plätzchen und Lebkuchen. Zudem bringen ein paar HelferInnen an jeden Tisch ausreichend Tassen, Servietten, ein bis zwei Kannen mit leckerem Adventstee sowie Zucker und Milch.

Spiele im Stuhlkreis

Kinder bleiben meist nicht allzu lange am Kaffeetisch sitzen. Vielmehr wollen sie miteinander spielen, in Bewegung kommen und vor allem Spaß haben. Während die Eltern gemütlich am Tisch verweilen, können die Kinder gemeinsam mit der Leitung folgende Spiele im Stuhlkreis durchführen.

- Rentierschlitten (s. S. 31)
- Wer nascht denn da? (s. S. 33)
- Stille Weihnachtsgrüße (s. S. 35)
- Wo war der Nikolaus? (s. S. 97)
- Der dicke Weihnachtsmannbauch (s. S. 105)
- Lebkuchen, wo bist du? (s. S. 106)

Haben die Kinder miteinander ausgiebig im Stuhlkreis gespielt, lädt die Spielleitung alle Kinder und Eltern zur Theateraufführung ein, die sechs Eltern für die kleinen und großen Gäste vorbereitet haben.

Hektik im Advent? (Theateraufführung)

Material: 4 Tüten, Taschen oder Einkaufskörbe, 6–10 weihnachtlich verpackte Schuhkartons (s. S. 111), 1 Pudelmütze, 1 kleiner Teddybär, 1 Tisch, 7 Wunderkerzen, 1 Feuerzeug, 1 Instrument (Gitarre oder Blockflöte) oder 1 CD mit „Lasst uns froh und munter sein“ (s. S. 47), 1 Adventskalender, 1 Blech mit gebackenen Plätzchen, 1 Leiter, 4–5 Häuser aus Umzugskartons (s. S. 111)

Vorbereitung
Die Plätze für das Publikum im Halbkreis aufstellen. Zwischen Publikum und Darstellern sollte genügend Abstand sein. Auf der „Bühne" auf die eine Seite einen Tisch stellen, auf dem sich griffbereit ein Instrument (Gitarre oder Blockflöte) sowie ein Adventskalender und ein Ofenblech mit fertig gebackenen Adventsplätzchen befinden. Weit hinten auf die Bühne eine Leiter stellen und mitten auf die Bühne die „Stadt", die aus vier bis fünf Häuser (= bemalten Umzugskartons) besteht, aufbauen. Vier Erwachsene nehmen eine Tüte, Tasche oder einen Einkaufskorb in die Hand, in denen jeweils ein bis zwei Geschenke (= weihnachtlich verpackte Schuhkartons) verstaut sind. Ein Erwachsener trägt eine Pudelmütze und hält einen Teddybär im Arm.

Spielverlauf
Die vier Erwachsenen laufen kreuz und quer auf der „Bühne" herum. Mitten auf der „Bühne" steht ein kleiner skeptischer Junge (= Erwachsener mit Pudelmütze und Teddybär).

ErzählerIn: „Es ist Dezember und wie jedes Jahr zur Adventszeit scheinen alle Menschen es unglaublich eilig zu haben. Sie laufen mit ihren voll gepackten Tüten, Taschen und Einkaufskörben durch die überfüllte Stadt, ohne dass sie einander wahrnehmen. Vielmehr schubsen und stoßen sie sich gegenseitig, schauen zielstrebig in eine Richtung oder stur auf den Boden. Mitten in der Menschenmenge befindet sich ein kleiner Junge, der auf dem Kopf eine Pudelmütze und in seinem Arm einen kleinen Teddybären trägt. Er schüttelt verwundert den Kopf und versteht überhaupt nicht, weshalb es die Erwachsenen so eilig haben. Denn eigentlich soll die Adventszeit ruhig und besinnlich sein, bei der sich die Menschen auf das große Weihnachtsfest in aller Ruhe vorbereiten und natürlich freuen können. Stattdessen laufen alle Menschen aneinander vorbei und hetzen von Geschäft zu Geschäft und das, obwohl sie im Grunde genommen alles bereits haben."

Kurze Pause

„Und als der Junge so über die Menschen in der Stadt nachdenkt, wird es allmählich dunkler. Nach einer Weile schaut er nach oben und sieht am nächtlichen Himmel auf einmal eine wunderschöne Sternschnuppe aufblitzen. ‚Eine gute Gelegenheit, sich etwas zu wünschen', denkt der kleine Junge!"

Die Spielleitung steigt mit der Wunderkerze und dem Feuerzeug auf die Leiter. Während der Junge zur Decke schaut, zündet sie die Wunderkerze an und hält sie für das Publikum gut sichtbar in die Luft. Sobald die Wunderkerze erloschen ist, spricht der Junge.

Junge: „Wie schön wäre es, wenn jetzt die ganze Welt für einen Augenblick still stehen könnte."

ErzählerIn: „Kaum hatte der Junge den Wunsch geäußert, blieben alle Menschen für einen Augenblick wie versteinert stehen."

Bis auf den Jungen verharren alle DarstellerInnen in ihrer angefangenen Bewegung. Danach gehen sie wieder eilig auf der Bühne umher. Der Junge tritt vor das Publikum.

Junge: „Habt ihr das gesehen? Mein Wunsch hat sich erfüllt. Ich will gleich noch einmal den Wunsch äußern, jedoch sollen die Menschen dann ganz lange still stehen bleiben."

ErzählerIn: „Der Wunsch wurde gleich erfüllt. Alle Menschen verharrten in Ruhe.“
Alle DarstellerInnen bleiben wie versteinert stehen.
Junge: „Nun gehe ich zu den Leuten und wecke sie nacheinander auf. Dabei werde ich jedem einzelnen verdeutlichen, wie sich die Adventszeit besonders schön gestalten lässt.
Der Erwachsene, der den Jungen spielt, geht auf eine Person zu, bleibt vor ihr stehen und klatscht einmal kräftig in die Hände. Daraufhin bewegt sie sich.
Junge: „Es ist Advent. Wir wollen uns auf das Weihnachtsfest vorbereiten. Kannst du für uns einen Adventskalender basteln?“
Die betreffende Person nickt, stellt sich direkt vor das Publikum und tut so, als ob sie einen Adventskalender basteln würde. Am Ende holt sie den Adventskalender, der auf dem Tisch liegt, um ihn dem Publikum zu zeigen.
Junge (an das Publikum): „Habt ihr auch einen Adventskalender?“
Publikum: „Ja!“
Der Junge geht zu einer weiteren Person, klatscht erneut in die Hände, um diese aufzuwecken.
Junge: „Es ist Advent. Wir wollen uns auf das Weihnachtsfest vorbereiten. Kannst du uns ein Nikolauslied auf einem Instrument vorspielen?
Die betreffende Person nickt, holt ein Instrument, stellt sich direkt vor das Publikum und spielt z. B. „Lasst uns froh und munter sein!“. Das Publikum singt das Lied mit. (Die Spielleitung kann auch eine CD mit instrumentaler Adventsmusik einspielen. Während die Musik erklingt, gibt die Person vor, auf dem Instrument zu spielen.)
Junge: „Hat euch das gefallen?“
Publikum: „Ja!“
Der Junge geht weiter, bleibt vor einer weiteren Person stehen und klatscht ganz laut in die Hände, so dass diese aufwacht.
Junge: „Es ist Advent. Wir wollen uns auf das Weihnachtsfest vorbereiten. Kannst du für uns ein paar leckere Plätzchen backen?“
Die betreffende Person nickt, stellt sich vor das Publikum und tut so, als ob sie den Teig kneten und ausrollen würde. Sie stellt pantomimisch dar, wie sie die Plätzchen aussticht, auf das Backblech legt und diese in den Ofen schiebt. Dann holt sie das Ofenblech mit den fertigen Adventsplätzchen, das auf dem Tisch liegt, um dieses schließlich dem Publikum zu zeigen.
Junge: „Mögt ihr auch leckere Plätzchen?“
Publikum: „Ja!“
Anschließend geht der Junge weiter, um die letzte Person auf die gleiche Art aufzuwecken.
Junge: „Es ist Advent. Wir wollen uns auf das Weihnachtsfest vorbereiten. Kannst du uns ein Adventsgedicht aufsagen?“
Die Person nickt, stellt sich direkt vor das Publikum und sagt das altbekannte Adventsgedicht auf, das bestimmt alle Kinder gut mitsprechen können.
Erwachsener: „Advent, Advent, ein Lichtlein brennt, erst eins, dann zwei, dann drei, dann vier, dann steht das Christkind vor der Tür.“
ErzählerIn: „So standen alle Menschen, die es soeben noch sehr eilig hatten, ganz ruhig beisammen und freuten sich darüber, dass sie die Adventszeit bewusst erleben und miteinander genießen konnten. Sie hatten Spaß am Basteln, Musizieren, Backen und an dem schönen Adventsgedicht. Dank des

kleinen Jungen, der für sie die Zeit angehalten hatte, wurde ihnen auf einmal bewusst, wie schön die Adventszeit ohne Hektik und Stress sein kann. Wir wünschen euch allen einen geruhsamen Advent!“

Ausklang

Die Darsteller legen ihre Requisiten zur Seite und holen sich jeweils eine Wunderkerze, die sie anzünden und schließlich für das Publikum gut sichtbar in die Luft halten. Auf diese Weise wird die gesamte Aufmerksamkeit des Publikums noch einmal auf die Bühne gelenkt. Währenddessen betritt die Spielleitung die Bühne, bedankt sich bei den Eltern für ihr Engagement und ihre Mithilfe und wünscht Eltern wie Kindern eine schöne Adventszeit und einen guten Heimweg.

Anhang

Register

Literaturhinweise

Bücher

- Budde, Pit und Kronfli, Josephine: *Santa, Sinter, Joulupukki.* Weihnachten hier und anderswo, Ökotopia, Münster 3. Auflage, 2002
- Cratzius, Barbara: *Wir freuen uns aufs Weihnachtsspiel.* Leichte Stücke zum Mitmachen und Mitspielen für die Advents- und Weihnachtszeit, Ökotopia, Münster 2007
- Erkert, Andrea und Janetzko Stephan: *Zünd die erste Kerze an.* Lieder und Spielideen für den Advent, Don Bosco, München 2006
- Erkert, Andrea und Lindner Heidi: *Feste feiern & gestalten rund um die Jahresuhr.* Mit zahlreichen Spielaktionen, Dekorationen, Rezepten und Planungshilfen für das nächste Fest rund um Hits von Rolf Zuckowski, Ökotopia, Münster 2005
- Ferrari, Renate: *Spür die Stille im Advent,* Christophorus, Freiburg im Breisgau 2. Auflage, 2002
- Göth, Martin und Weiniger Paul: *Winterlieder und Singspiele für Kinder.* Für Advent, Nikolaus, Krippenspiel und Neujahr, Don Bosco, München 2007
- Knipping, Burkhard (Hg.): *Nikolaus feiern.* In Kindergarten, Schule und Gemeinde, Herder, Freiburg im Breisgau 2007
- Kohler, Monika: *Theater spielen zu Weihnachten.* Die Weihnachtsbotschaft für unsere Zeit, Verlag an der Ruhr, Mülheim an der Ruhr 2001
- Krenzer, Rolf und Göth, Martin: *Weihnachtsduft liegt in der Luft,* Geschichten, Lieder, Spielideen, Lahn, Kevelaer 2006
- Müller-Mees, Elke: *Kindertheater in der Weihnachtszeit,* Kösel, Freiburg im Breisgau 2003
- Netz, Hans-Jürgen und Horn, Reinhard: *Fünf Minimusicals zur Advents- und Weihnachtszeit;* Martin, Elisabeth: *Nikolaus und zwei Krippenspiele,* Kontakte Musikverlag, Lippstadt 2006
- Pertler, Cordula und Reuys, Eva: *Kinder feiern Advent und Weihnachten.* Feste feiern mit Kindern, Don Bosco, München 2002

- Pertler, Cordula und Reuys, Eva: *Kinder feiern Nikolaus.* Feste feiern mit Kindern, Don Bosco, München 2001
- Scheer, Bettina und Gulden, Elke: *Kli Kla Klanggeschichten zur Advents- und Weihnachtszeit,* Don Bosco, München 2. Auflage, 2007
- Schön, Bernhard und Walter, Gisela: *Weihnachtliche Feste anders gestalten.* Spielerische Aktivitäten, Lieder, Geschichten, Infos und Planungshilfen, Ökotopia, Münster 2. Auflage, 2004
- Schönwälder, Burkhard: *Wir sagen euch an …,* Hausbuch zur Advents- und Weihnachtszeit, Kösel, Freiburg im Breisgau 2003
- Stahl, Antje: *Lichtertänze zur Winter- und Weihnachtszeit,* Kontakte Musikverlag, Lippstadt 2002
- Tenta, Heike und Tenta Werner: *Das Weihnachts-ABC.* 24 Adventsgeschichten und Mitmachideen, Don Bosco, München 2003
- Wierz, Jakobine: *Pfeffernuss & Kugelglanz.* Die Advents- und Weihnachtszeit mit Kindern stimmungsvoll gestalten, Ökotopia, Münster, 2. Auflage, 2006
- Wiese, Luise: *Vorfreude.* Mit Kindern den Advent genießen, Christophorus, Freiburg im Breisgau, 2. Auflage, 2003

Tonträger

- Budde, Pit und Kronfli, Josephine: *Santa, Sinter, Joulupukki.* So klingt Weihnachten hier und anderswo, Ökotopia, Münster 2002
- Kiwit, Ralf: *Ich freue mich noch mehr.* Lieder, Gedichte und Geschichten zur Weihnachtszeit, Ökotopia, Münster 2004
- Krenzer, Rolf und Göth, Martin: *Weihnachtsduft liegt in der Luft.* Geschichten, Lieder, Spielideen, Lahn, Kevelaer 2006
- Netz, Hans-Jürgen und Horn, Reinchard: *Fünf Minimusicals zur Advents- und Weihnachtszeit;* Martin, Elisabeth: *Nikolaus und zwei Krippenspiele,* Playback-CD, Kontakte Musikverlag, Lippstadt 2006
- Stahl, Antje und Horn, Reinhard: *Lichtertänze zur Winter- und Weihnachtszeit,* Kontakte Musikverlag, Lippstadt 2002
- Zuckowski, Rolf: *Feste feiern rund um die Jahresuhr.* Mit 16 Gute-Laune-Liedern für alle Jahreszeiten, Ökotopia, Münster 2005

Die Autorin

Andrea Erkert ist Erzieherin, Entspannungspädagogin und Fachlehrerin einer Grundschulförderklasse in der Nähe von Stuttgart. Seit mehreren Jahren bietet sie praxisnahe Fortbildungen für ErzieherInnen und LehrerInnen u. a. zu den Themen Festivitäten, Entspannung, Bewegung, Gewaltprävention, Naturerfahrungen, Sprachförderung, Mathe im Kindergarten und Anfangsunterricht und (Stuhl-)Kreisspiele direkt vor Ort an, so dass die TeilnehmerInnen das gewählte Thema in ihrer Einrichtung unmittelbar erleben können. Im Ökotopia Verlag sind zahlreiche Veröffentlichungen von ihr erschienen, z. B. „Das Stuhlkreisspiele Buch". Außerdem können Elternabende mit ihr als Referentin gebucht werden.

Anfragen für ganz- und halbtätige Seminarveranstaltungen sowie Elternabende sind unter folgender Adresse möglich:

Andrea Erkert, Seelacher Weg 79,
71522 Backnang
Tel. (0 71 91) 90 83 57 oder (01 60) 91 70 19 45,
Fax: (0 71 91) 90 83 59
E-Mail:
andrea.erkert_florida-sun@t-online.de

Die Illustratorin

Simone Pahl, Jahrgang 1968, zeichnete schon immer leidenschaftlich gerne. Sie studierte Architektur in Berlin und veröffentlichte bereits während ihrer Tätigkeit als Architektin zahlreiche Illustrationen. 2004 machte sie ihre Leidenschaft zum Beruf. Seitdem sorgt sie als freie Illustratorin für eine anspruchsvolle Bebilderung von Unterrichtsmaterialien, Lernspielen und Kinder- und Jugendbüchern verschiedener Verlage. Ihr Ziel ist es, durch einen einfühlsamen und lebendigen Zeichenstil die Inhalte von Texten eindrucksvoll zu vermitteln. Sie ist Mitglied der Illustratoren Organisation e. V. Weitere Informationen finden Sie unter **www.simonepahl.de**

Pit Budde, Josephine Kronfli

Karibuni Watoto

Kinderlieder aus Afrika

ISBN (CD) 978-3-931902-12-4
ISBN (Buch) 978-3-931902-11-7

Josephine Kronfli, Pit Budde

Fliegende Feder

Indianische Lieder für Kinder in Deutsch und Originalsprachen gesungen

ISBN (CD) 978-3-931902-23-0
ISBN (Box inkl. Buch + CD) 978-3-931902-26-1

Pit Budde, Josephine Kronfli

Shalom - Salam - peace4kids

Internationale Kinderlieder für den Frieden - in Deutsch und Originalsprachen gesungen

ISBN (CD) 978-3-936286-65-6

Hartmut E. Höfele

Wild und verwegen übers Meer

Kinder Spielen Seefahrer und Piraten

ISBN (CD) 978-3-931902-08-7
ISBN (Buch) 978-3-931902-05-6

Kinder kommen in Bewegung

Die schönsten Lieder zum Toben, Tanzen und Bewegen

ISBN (CD): 978-3-86702-009-1

Kinder einer Welt

Die schönsten Lieder aus aller Welt

ISBN (CD): 978-3-936286-91-5

Hartmut E. Höfele

Bei Zwergen, Elfen und Trollen

Fantastische Lieder, Tänze und Geschichten aus der Zauberwelt

ISBN (CD) 978-3-936286-23-6
ISBN (Buch) 978-3-936286-22-9

Hartmut E. Höfele & Kindermusiktheater Firlefanz

Feuerwerk & Funkentanz

Stimmungsvolle Lieder, Tänze und Geschichten rund ums Thema Feuer

ISBN (CD) 978-3-631902-86-5
ISBN (Buch) 978-3-931902-85-8

Hartmut E. Höfele, Birgit Laux, Günter Geisinger

Sonne, Mond und Sternenkinder

Lieder, Tänze und Geschichten mit der Mondmaus

ISBN (CD) 978-3-931902-72-8
ISBN (Buch) 978-3-931902-71-1

Michi Vogdt

Helau, Alaaf und gute Stimmung

Närrische Tanz- und Feierlieder zum Mitsingen und austoben für kleine und große Jecken

ISBN (CD) 978-3-936286-32-8
ISBN (Buch) 978-3-936286-31-1

Hartmut E. Höfele

Hoppla! Hip-Hop 4 kids

Fette Beats und coole Lieder zum Rappen, Breakdancen und Chillen

ISBN (CD) 978-3-86702-014-5
ISBN (Buch) 978-3-86702-013-8

Unmada Manfred Kindel

Hinter uns die Berge

Indianische Lieder und Weltmusik aus dem Kinderwald

ISBN (CD) 978-3-936286-06-9

Der Fachverlag für gruppen- und spielpädagogische Materialien

Spiele in Gruppen, Lernspiele, Bewegungsspiele, Brettspiele, Kooperative Spiele

Ökotopia Verlag und Versand

Fordern Sie unser kostenloses Programm an:

Ökotopia Verlag
Hafenweg 26a · D-48155 Münster
Tel.: (02 51) 48 19 80 · Fax: 4 81 98 29
E-Mail: info@oekotopia-verlag.de

Besuchen Sie unsere Homepage! Genießen Sie dort unsere Hörproben!

http://www.oekotopia-verlag.de
www.weltmusik-fuer-kinder.de
www.wir-verstehen-uns-gut.de